Yumi Core

ユミコア

で
−10歳ボディを
手に入れる

Yumico 著

ダイヤモンド社

マイナス10歳ボディを手に入れられるのはユミコアだけ！

- 絶対に変わらないと思っていたずん胴体型に、くびれが出現!!
- あごのたるみが消えて、長かった顔が短く小顔に
- 生まれて初めて胸にふっくら谷間が!!
- O脚が直り、初めて美脚と言われました
- 授乳でしぼんだ胸にハリが出て、上向きおっぱいに
- のっぺりタレ尻が桃尻に！　脚との境目もくっきり
- 40歳にして身長が２㎝アップ
- カリカリで貧相だった体が、健康的なメリハリボディに
- 10歳は若返ったと言われる！

これらは「ユミコア」を日々実践している、主に30～50代の女性たちからの

リアルなご報告の一部です。

ユミコアを実践すると、顔、バスト、ウエスト、ヒップ、脚など、ボディの悩みが改善され、見た目年齢がグンと若返ります。なぜだと思いますか？

それは、**ユミコアが「骨格から体を変える」メソッド**だから！

ユミコアとは、私Ｙｕｍｉｃｏが独自に考案した、骨格レベルから体を変えていく美ボディメソッドです。

「生まれつき顔が大きいんです」「どんなに痩せても脚だけ太いんです」

こんなふうに、**体型の悩みは生まれつきだと思っている人は多いのですが、実はそうではありません。**これまで無意識に続けてきた、**悪い姿勢による「骨格のゆがみ」が原因**です。


たとえば、Ｏ脚の人。Ｏ脚も生まれつきと思われがちですが、立ち方や歩き方にクセがあったり、いつも脚を組むなど不良姿勢を長年続けているうちに、股関節がずれ、ひざ下もゆがみ、脚の筋肉がその形に沿ってついてしまった、というケースがほとんど。

でも、ユミコアを始めれば、こうした骨格のゆがみが整っていき、股関節の骨のはまりもよくなるので、諦めていたＯ脚もみるみる改善していくんです！

骨格から体を変えるユミコアで誰でも簡単に、メリハリボディへ!

骨格からボディを改善するユミコアには、たくさんのエクササイズがあります。私はこれまで延べ1万人以上の体を見ながら、誰が行っても同じように変われる、再現性の高いエクササイズを追求してきました。そのなかでも**「いちばん早く」「いちばん簡単に」ボディラインを変えられるエクササイズを、超厳選**してご紹介するのがこの本です!

エクササイズは、効果を感じるのに時間がかかったり、内容がハードすぎたりすると、続けるのがつらくなってしまいますよね。でも、今回は効率よくメリハリボディに近づけて、しかも簡単にできるも

骨を正しい位置に戻す!

1
胸椎
小顔

2
肩甲骨
バストアップ
二の腕痩せ

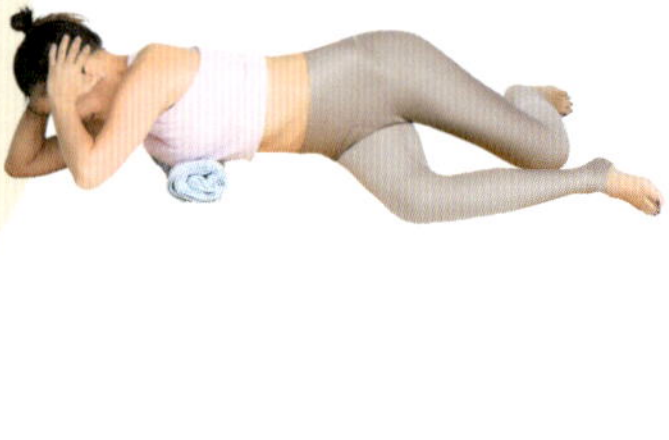

のばかり。運動オンチで万年帰宅部だった私ができたので、これなら続けられるはず！

実践するエクササイズは、下の5つ。メリハリボディをつくるために重要な、胸椎《きょうつい》・肩甲骨・膣《ちつ》・骨盤・股関節の5か所にアプローチします。

ポイントは、「ほぐし」と「トレーニング」をセットで行うこと。ガチガチに固まった筋肉や筋膜をほぐしてから軽いトレーニングで負荷を与えることで、骨を動かしやすくし、関節を正しくはめ直します。

骨が正しい位置へ戻ると、自然と正しい姿勢をとりやすくなります。正しい姿勢をキープできるようになると、筋肉や脂肪のつき方も変わります。

「お肉をつけたくないお腹や太ももはスッキリ、反対にボリュームがほしいバストやヒップはふっくら♡」という、理想のボディラインに自然と変わっていく、これは解剖学に基づいた大原則なんです。

自分史上最高のボディに変わる！

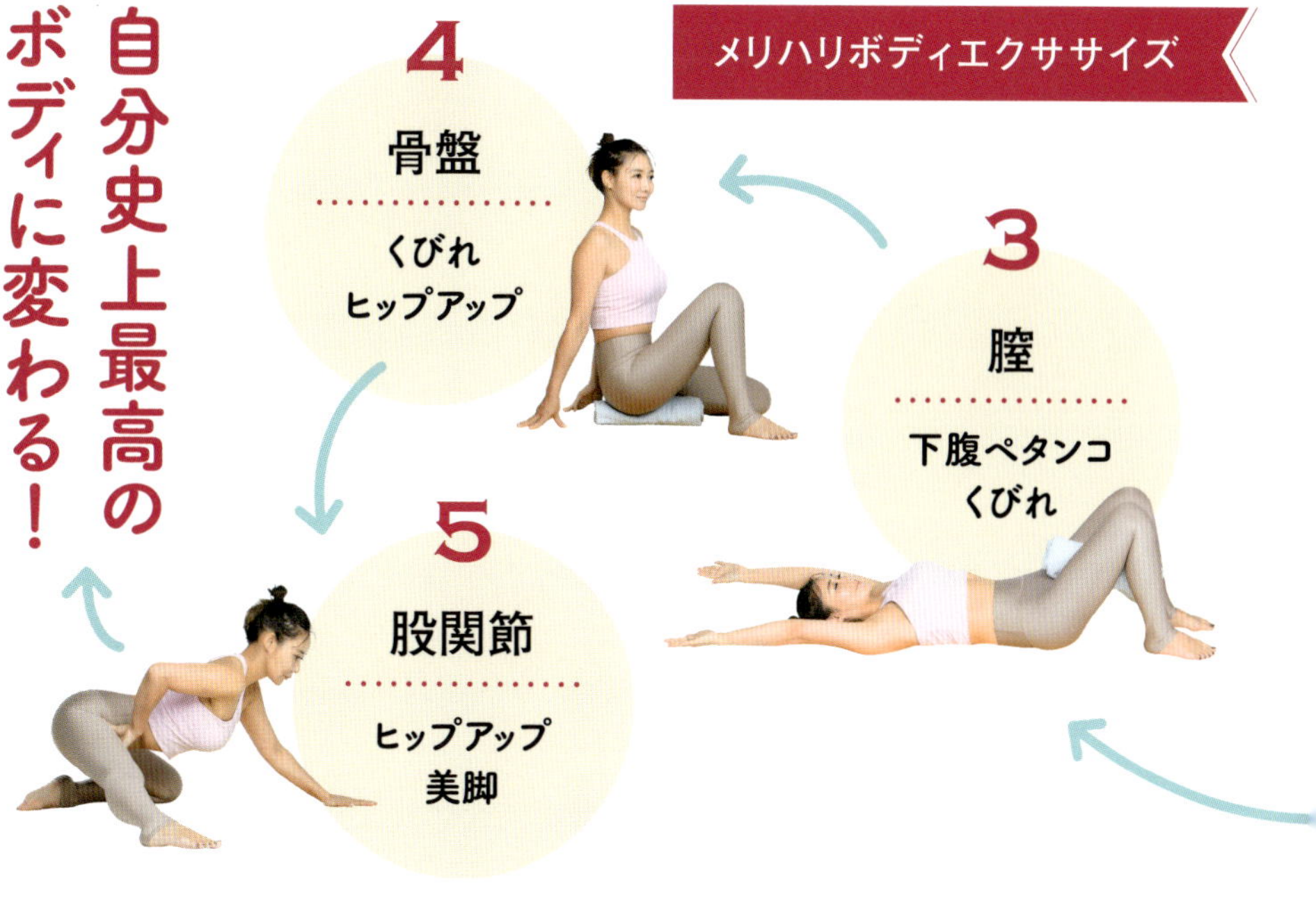
メリハリボディエクササイズ
3
膣
下腹ペタンコ
くびれ
4
骨盤
くびれ
ヒップアップ
5
股関節
ヒップアップ
美脚

40代以上のダイエットは ただ体重を落とすだけではダメ！

「オバさん体型を変えたくて、ダイエットしたけど逆に老けてしまった」

「顔やバストばかり痩せて、お腹の肉やお尻のたるみはそのまま」

40代以上の女性には、こんな経験がある人も多いのでは？　女性の多くは「体重」「細さ」にこだわりますが、40代から極端に痩せると、全身にハリ感がなくなってやつれた印象になりがちです。かくいう私も、カリカリ・カサカサの時期がありました。単に体重を落とすだけでは、ボディラインの改善にはつながりません。細いだけで、バストはしぼんでお尻はペタンコではなく、締まるところは締まって健康的なメリハリボディになりたいですよね。

それなら**目指すべきは、痩せることではなく「見た目」を変える**こと！

筋肉や脂肪は骨に沿ってつくものなので、骨格のゆがみが改善されると、同じ体重でも見た目がガラリと変わります。バストの位置は高くなり、ウエストはくびれ、ヒップにかけて美しいS字カーブができます。

女性らしい曲線美を生み出す、バストやヒップのボリュームをキープするためにも、無理に痩せようとする必要はありません！　**今ついているお肉を減らすのではなく、つき方を変える**ことを目指しましょう。

実際、私は43歳頃からあえて体重を増やし始めました。骨格が改善されても細いままではスタイルはよく見えないと思い、理想のボディラインのためにボリュームをプラスしたのです。

現在の私は**47歳で57キロです。体重は今まででいちばん重いのですが、見た目は今がベスト！**　細くあってほしいところは細いまま、でもボリュームがほしいところには形よくついている、理想のボディラインになれました。ちなみに体重が増えても見た目がよくなる理由は、インナーマッスルが増えるから。筋肉は重いので体重は増えますが、その分代謝が上がり、**痩せ体質になる**んです。

ユミコアをやると、それだけでスルスルと数キロ落ちた！　という人も大勢います。**どんな人でも、ベストな見た目に近づける。それがユミコア**です！

Yumico

メリハリボディの軌跡

私はこれまで、自分を実験台にして、ユミコアメソッドを構築してきました。ユミコアを立ち上げてから現在まで、「硬くなった体を丁寧にほぐすこと」や、「膣を締めること」は変わらず大切にしています。骨の重要性に気づき、メリハリを出すために体重の増量を始めた43歳のときに、メソッドを大きくアップデートしました！

何もしていない期

33歳
160.4cm
53kg

専業主婦で、体に関して無関心だった14年前。今より体重は軽いものの、くびれがなく、脚も太く、おっぱいも垂れ気味。

ガリガリ期

40歳　48kg

細さを追求していた頃。顔は長く、お尻は四角、おっぱいもペタンコでしたが、自分ではスタイルがいいと思っていました。

骨から改造期

43歳　55kg

骨の重要性に気づき、増量を始めた頃。どこから見ても曲線のあるボディラインをつくり上げたと思っていたけれど、見返すと今ほどではありません。

メリハリが止まらない！

今の体がいちばん好き！

現在47歳
164cm
57kg

顔の縦幅が短くなり、小顔に！
首が細く長く
背骨に
すき間ができると、
背も伸びる！
バストのボリューム、
ハリと弾力がアップ！
高い位置に
ウエストのくびれ
高い位置に丸いお尻
脚は長く
ふくらはぎは細く（人生初！）

これが私の進化版ボディです！　やや足りなかったバストとヒップにボリュームが出て、メリハリ度がよりアップしました。くびれや足首はキュッと細いまま、ほしいところだけにボリュームを出せるのは、土台となる骨格がきちんと整っているから。骨格が整うと血液やリンパの流れもよくなるので、肌もツヤツヤになるし、更年期症状とも無縁です。

骨が変わると、姿勢が変わり
体型が変わり、人生が変わる！

私は、女性がユミコアで変わっていく姿を見るのが大好き！　骨が変わると、姿勢が変わり、体型が変わり、人生まで変わります。体型が変わることで前向きになる、自律神経が整いメンタルが安定することで気持ちが変わる、健康になることで体力がつき行動が変わる……だから人生が変わっていくんです！

怪しさ満点でごめんなさい（笑）。でも、本当なんです！

自信を取り戻して変わっていく女性たち、その筆頭がユミコアのトレーナー。彼女たちも最初は、体型のコンプレックスを諦めてしまっていました。でも、**どんな体型の人もユミコアを始めると、私と同じようなメリハリボディになっていきます。**私たちはそれを**〝おそろボディ〟**と呼んでいます。トレーナーだけではなく、誰もがおそろボディを手に入れて、**自分史上最高のスタイルのよさを実現！**　何歳からでも遅くありません。私たちと一緒に始めましょう！

どんな体型の人も、ユミコアで
おそろボディになっていくんです！

Yumi Core

ユミコアで −10歳ボディを 手に入れる

目次

Chapter 4

ユミコアを習慣に！

美ボディを一生キープする生活のコツ

Chapter 1

ユミコアの秘密、教えます!

ユミコアは、
骨から変わる
美ボディメソッド

ユミコアを始めると、どうしてスタイルがよくなるの?

簡単そうな動きのなかにも、理論に基づいた裏づけがあるからです。

ユミコアのメカニズムを知れば、生まれ変わり級のメリハリボディになるのも納得できるはず。

Let's YumiCore!

〝オバさん化〟するのは、骨格がゆがんでいるから！

下腹が出る、背中にハミ肉ができる、肩コリやむくみが常態化して首が太く短くなる、顔が大きくなる……。こうしたボディラインの崩れを「歳のせいだから仕方ない」と思っていませんか？

実は、これらの悩みのほとんどは、年齢によるものではありません。**体の土台である「骨格」がゆがんでいることが本当の原因**なんです。

骨格のゆがみは、普段の姿勢の積み重ねからくるものです。

たとえばデスクワークのとき、背中や腰を丸めて座っていませんか？　背中や腰を丸めていると、筋肉が伸ばされたままガチガチに固まるので、背骨や肩甲骨の動きが悪くなり、「猫背」になります。猫背でいると、首や肩がこる、頭痛がする、顔やバストがたるむなど、いいことはひとつもありません。

ほかにも、長時間うつむいてスマホを見る＝首が前に出る・顔が大きくなる、脚を組んで座る＝骨盤がずれる、荷物を片側で持つ＝肩が前に出てしまう……というように、**日常で無意識にとっている姿勢すべてが、骨格のゆがみの原因！** それが長年続くと、オバさん体型の完成。さらに不定愁訴《ふていしゅうそ》にもつながります。

そもそも姿勢が悪いと、スタイルがすごくいい人でもキレイには見えません。試しに、次のページの写真を見てみてください。

どちらも私ですが、**姿勢だけでパッと見の印象が10歳近く変わる**気がしませんか？　そう、姿勢が悪いと骨格がゆがむだけでなく、実際以上に太って見えたり、老けて見えたりしてしまうんです。

そのうえ、呼吸が浅くなる、血行が悪くなる、代謝が悪くなるなど、健康面にもよくありません。**悪い姿勢には百害あって一利なし！**　ぜひここで、姿勢の大切さを心に焼きつけておいてください！

スタイルがよく見える
正しい姿勢

姿勢に気をつけるだけで、若く健康的に見えます。
この姿勢がとれないという人は骨格がゆがんでいる証拠です！

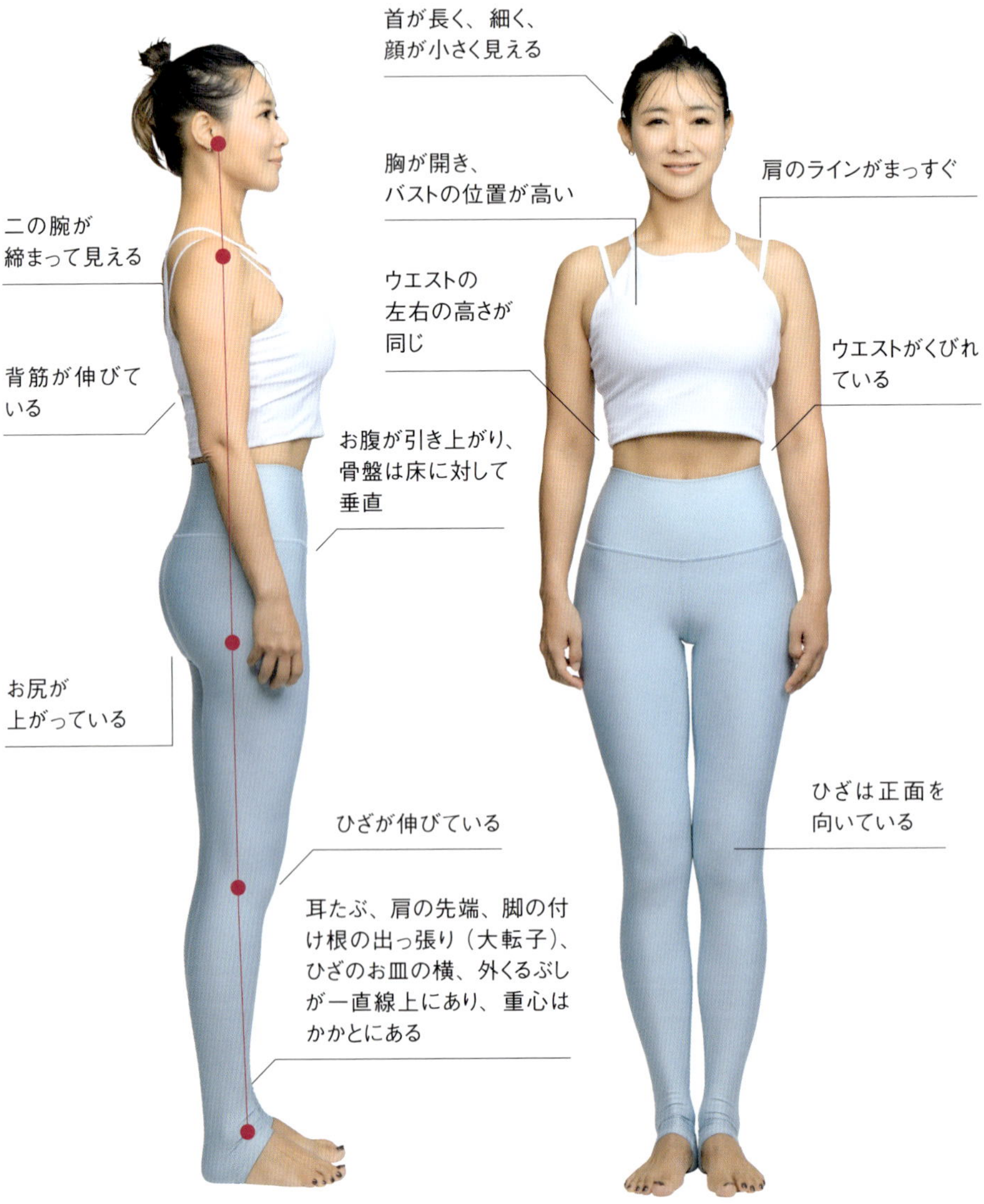
首が長く、細く、
顔が小さく見える
胸が開き、
バストの位置が高い
肩のラインがまっすぐ
二の腕が
締まって見える
ウエストの
左右の高さが
同じ
ウエストがくびれ
ている
背筋が伸びて
いる
お腹が引き上がり、
骨盤は床に対して
垂直
お尻が
上がっている
ひざは正面を
向いている
ひざが伸びている
耳たぶ、肩の先端、脚の付
け根の出っ張り（大転子）、
ひざのお皿の横、外くるぶし
が一直線上にあり、重心は
かかとにある

スタイルが老けて見える
悪い姿勢

悪い姿勢は多々あり、これは反り腰に猫背を合わせたような姿勢です。
中年以降に多く、腰痛や肩コリが起こりやすい姿勢でもあります。
このままだと、将来は腰の曲がった高齢者にまっしぐら！

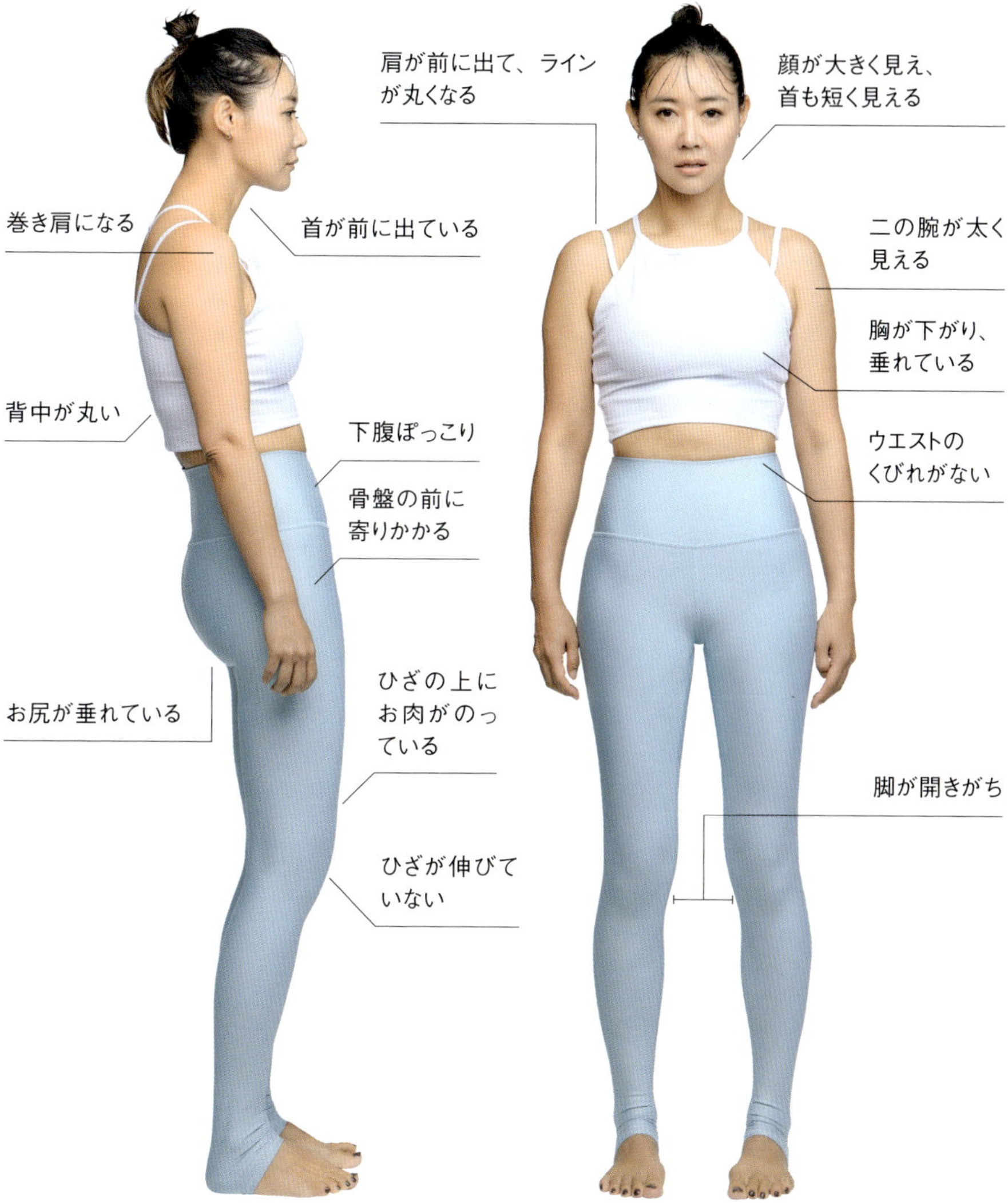

巻き肩になる
首が前に出ている
背中が丸い
下腹ぽっこり
骨盤の前に
寄りかかる
お尻が垂れている
ひざの上に
お肉がのっ
ている
ひざが伸びて
いない
肩が前に出て、ライン
が丸くなる
顔が大きく見え、
首も短く見える
二の腕が太く
見える
胸が下がり、
垂れている
ウエストの
くびれがない
脚が開きがち

姿勢
セルフチェック

9割が勘違い!? 自分はよい姿勢をしていると思っていない？

実は、「自分は姿勢がいい」と思い込んでいる人も意外に多いのでは？　よい姿勢というと、「背筋をピンと伸ばして胸を張る」イメージがありますが、自分ではそうしているつもりが、胸を張るために腰を反らしてしまうなど、間違った姿勢になっていることはよくあります。鏡を見ながら、今の自分の姿勢を写真に撮って、ぜひ左の私と比べてみてください！

○ 正しい姿勢

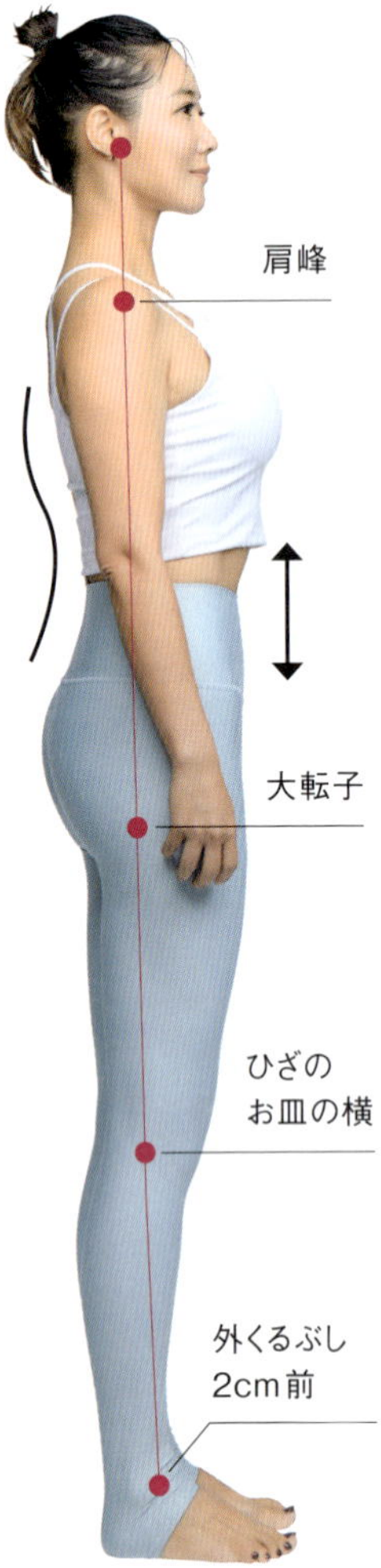

耳たぶ、肩の先端（肩峰）、脚の付け根の出っ張り（大転子）、ひざのお皿の横、外くるぶしが一直線になっている。

× 胸張り＋反り腰

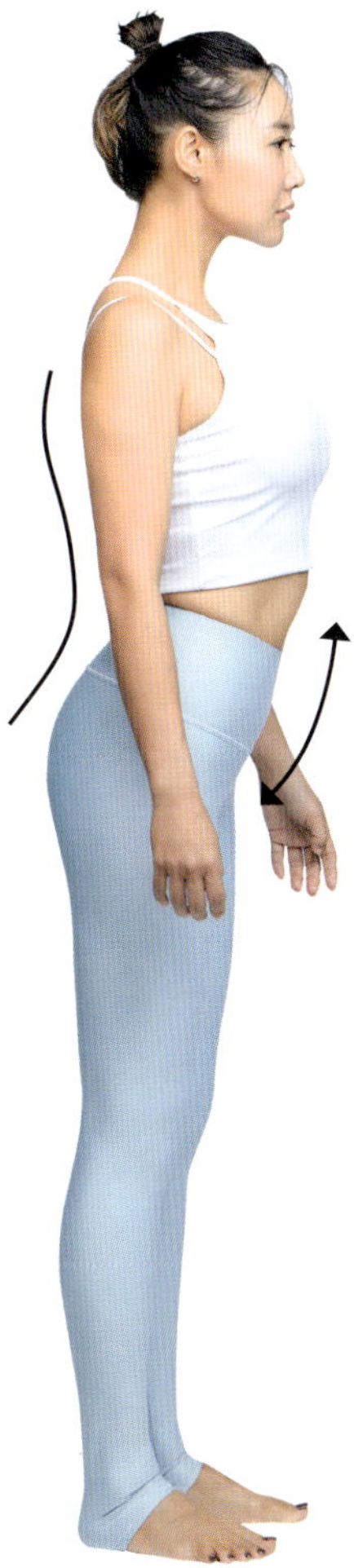

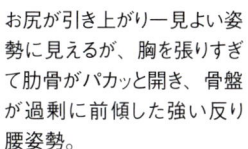

お尻が引き上がり一見よい姿勢に見えるが、胸を張りすぎて肋骨がパカッと開き、骨盤が過剰に前傾した強い反り腰姿勢。

× 猫背＋反り腰（スウェイバック）

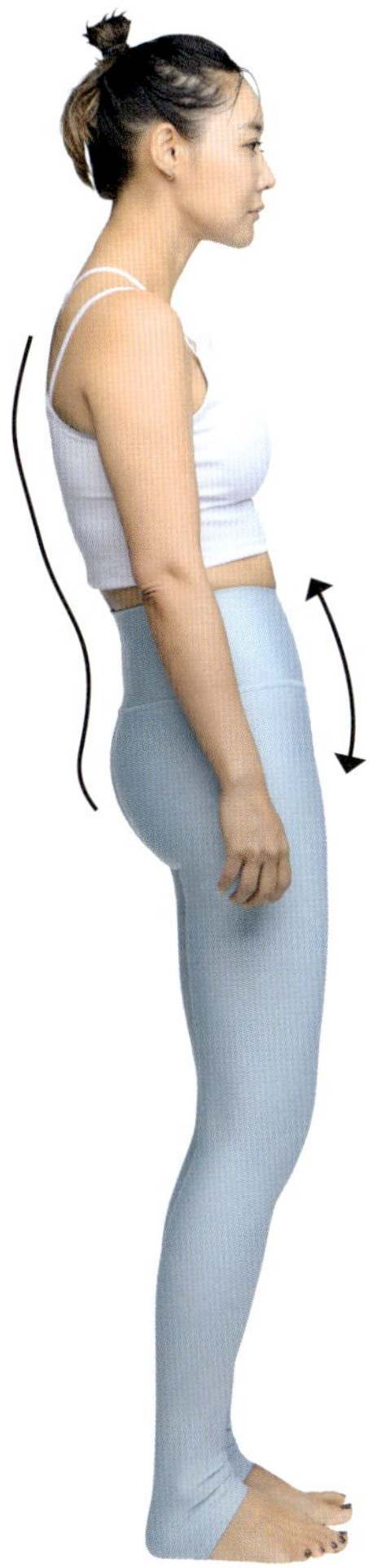

反り腰になることで後ろ重心になり、倒れてしまわないよう背中を丸めてバランスをとっている姿勢。ストレートネックも多発する。

× 反り腰

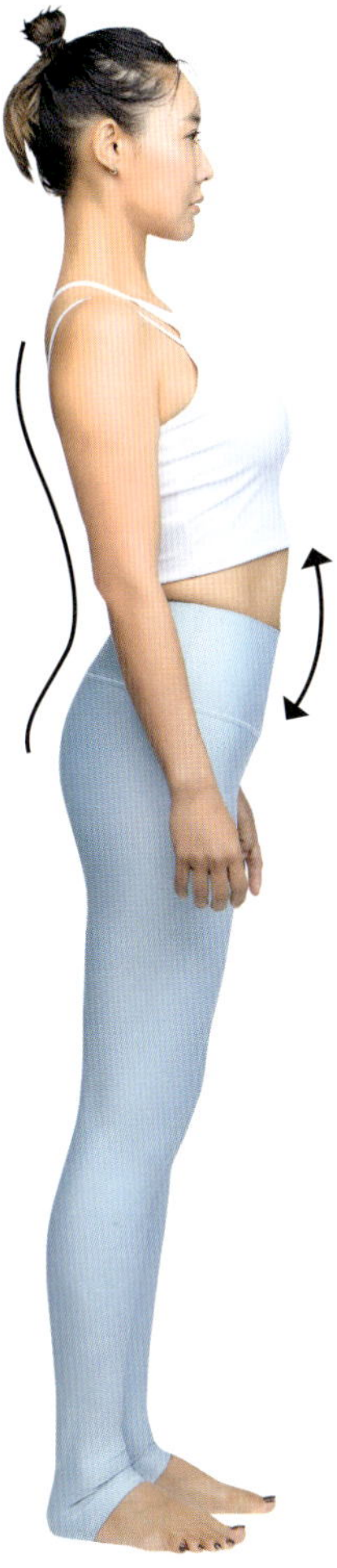

背骨はもともと少し反っているが、その反りが過剰。骨盤は前傾してお腹ぽっこりに。自分はよい姿勢をしていると勘違いしている人にありがち。

＼ どこがゆがんでいるかがわかる ／

体のゆがみ
○×セルフチェック

立ち姿以外にも、簡単に自分の骨格のゆがみを知る方法があります。
リラックスしてチェックしてみてください。

CHECK 1

呼吸の深さ

息を吸ったとき、胸や肩など体の前側にしか息が入らない?

○☑　×☑

○の人…呼吸は背中のほうまで入るのが理想。呼吸が浅い人は猫背になっているか、背骨がゆがんでいる可能性あり。

CHECK 2

肋骨のねじれ

首を左右に振ってみて。振りやすさに左右差がある?

○☑　×☑

○の人…首を振りやすい方向に肋骨がねじれているかも。

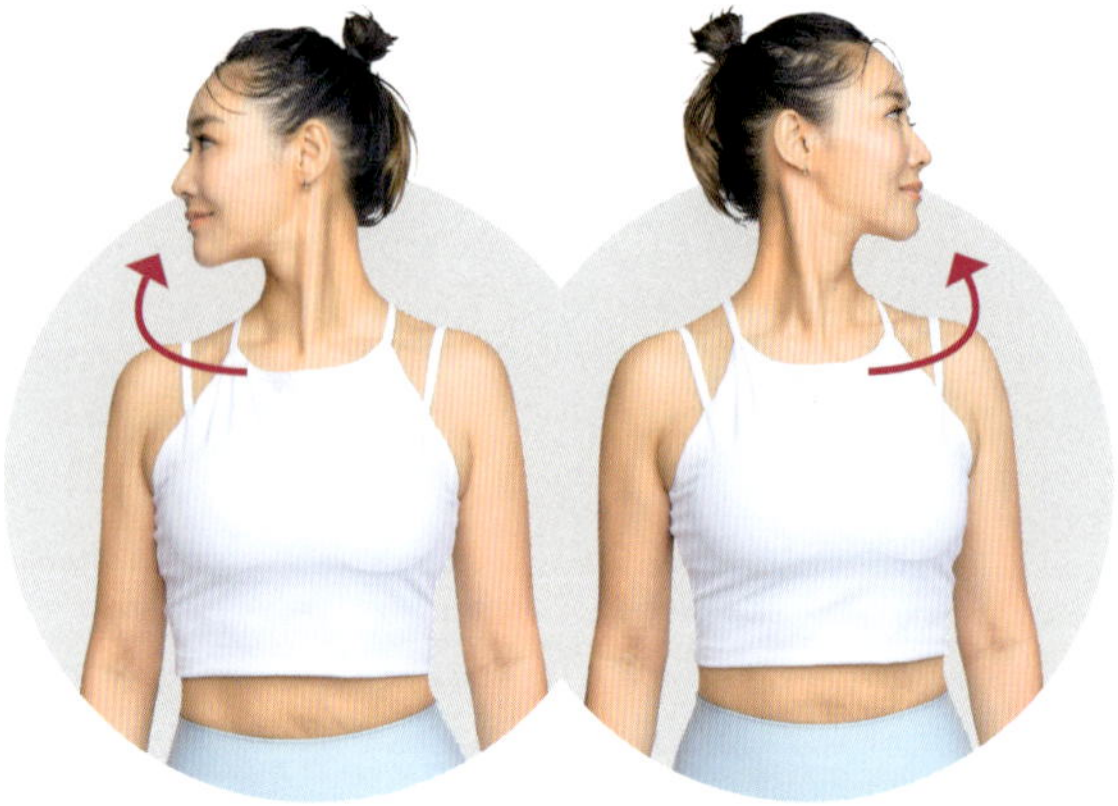

CHECK 3

骨盤のゆがみ

**目を閉じて、
その場で足踏みを50回。
目を開いたとき、
向きが変わっている?**

○☐　×☐

○の人…骨盤にゆがみがあると腰がねじれている方向へ体が向いていく。また、前に進んでしまう人は、頭や肋骨が前に出ていることが多い。

90度
ひざはなるべく
90度以上に
上げる

いかがでしたか?　全部○だった人も、安心してくださいね!
ゆがみがない人のほうが少ないんです。
このテストは、ユミコアを続けるなかで時々やってみてください。
○が減るほど理想の体型に近づいている証拠です!

5か所のスイッチを入れて、全身を一気に整える！

この本でご紹介する「メリハリボディエクササイズ」には、ユミコア独自のメリットがあります。

そのひとつは、**姿勢が自然とキレイになっていく**ことです。

先ほど、骨格のゆがみは毎日の不良姿勢からくることを伝えました。でも、**正しい姿勢を24時間キープするのは、実はかなり難しい**です。自分の姿を常に鏡でチェックできるわけではありませんし、多くの人は悪い姿勢がすでにクセづいていて、そのまま骨や関節が固まってしまっているからです。

でも、メリハリボディエクササイズなら、姿勢に大きな影響を与える**胸椎、肩甲骨、膣、骨盤、股関節**の5か所を一気に整えるので、誰でも簡単に美姿勢に!!

悪い姿勢になるのは、この5か所のうち、必ずどこかがゆがんでいるから。

この5か所が
メリハリボディのスイッチ！

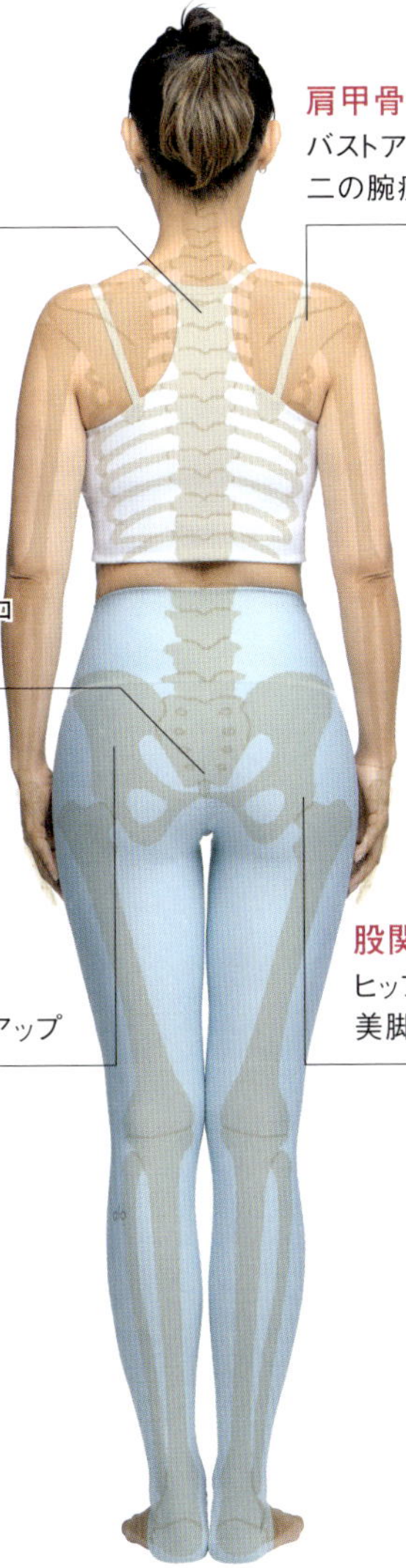

胸椎
小顔
肩甲骨
バストアップ
二の腕痩せ
膣
下腹
ペタンコ
くびれ
骨盤
くびれ
ヒップアップ
股関節
ヒップアップ
美脚

もっと言うと、全身はつながっているので、1か所ゆがむとそれを補おうとしてほかの部位もゆがんでいき、まるでガタガタの積み木のような姿勢になってしまいます。まずこの5か所をしっかり整えることが、簡単に正しい姿勢をつくるコツなんです。

コリや硬くなった関節、ゆがみが解消されると、骨が勝手に正しい位置へ戻ります。すると、頭から足までを結んだラインが一直線になり、自然と楽で正しい姿勢がとれるようになりますよ。

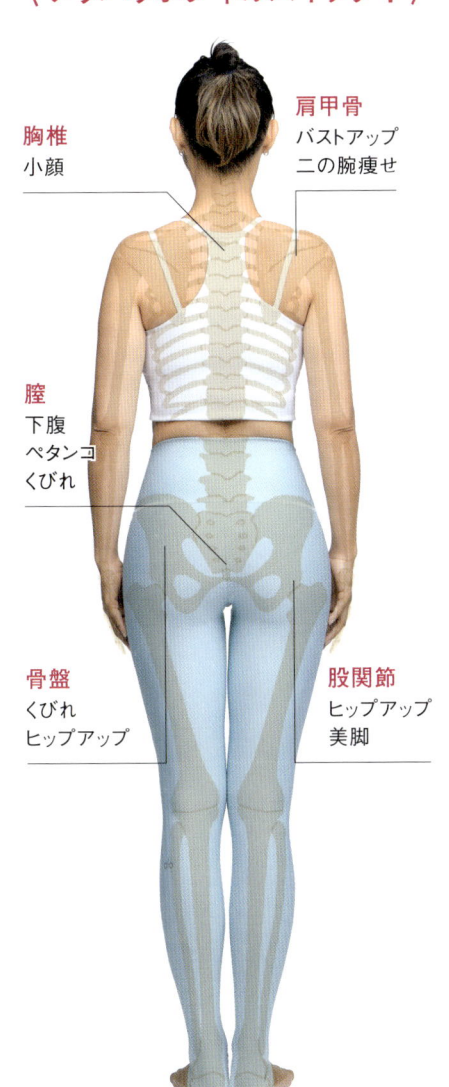

脂肪がつく位置は、自分で変えられる！

メリハリボディエクササイズを実践すると、骨格のゆがみが改善されると共に、脂肪や筋肉のつき方もどんどん変わっていきます。なぜなら、**脂肪や筋肉のつき方は、骨の位置で決まる**から。脂肪や筋肉が本来あるべき位置につくようになると、理想のメリハリボディが手に入ります。

ですが、多くの人は「痩せたい部分や引き締めたい部分を動かせば動かすほど、脂肪が落ちて細くなる」「鍛えられて引き締まる」と勘違いしています。たとえば、下腹ぽっこりが気になるからと、自分の骨格がどうなっているかも知らずに、いきなり腹筋などを行うのはボディメイクの失敗原因！

お腹がぽっこりしやすい姿勢のまま腹筋をしても、ウエストが細くなったり、くびれたりはしません。それどころか腹筋がガチガチに硬くなり、くびれのない硬くて四角いお腹になってしまいます。

くびれがほしいなら、まずは肋骨と骨盤を正しい位置に戻すこと。くびれがない人の多くは、肋骨が開き前へ出て、骨盤もずれているために、肋骨と骨盤の距離が縮んでいます。そこで**メリハリボディエクササイズで肋骨を正しい位置に戻し、骨盤との距離を離して、くびれができるすき間をつくってあげる**と、キュッと引き締まったウエストに近づけるのです！

また、バストのお悩みもユミコアで解決できます！

私は、10代の頃からわりと胸はあるほうでDカップくらいでしたが、３人目の出産後、卒乳すると胸がしわしわにしぼみ、湯葉のようにだらんと垂れてしまいました。「うわっ、これ元に戻らないの……」とかなりショックでしたが、47歳の今、最高にいいハリと20代の頃のような高さが出ています！

バストアップするには、胸や上半身を支えている鎖骨・肩甲骨まわりを、正しい位置に戻すことが大事！　胸の土台となる骨の位置が変わることで、脂肪や筋肉のつき方が変わるので理想の上向きおっぱいに近づきます。「私は生まれつきペタンコなんだけど……」と思っている人でも、脂肪のつく位置が変われば、谷間のあるふっくらバストを手に入れられますよ。

「ほぐし」+「トレーニング」で痩せる姿勢を形状記憶!!

メリハリボディエクササイズは、1つの部位に対して「ほぐし」と「トレーニング」の2つをワンセットで行うのがポイントです。

最初に**「ほぐし」で、骨のまわりの硬くなった筋膜や筋肉をゆるめ、骨格を正常な位置に戻しやすく**します。

次に**「トレーニング」で、骨と骨をつなぐ関節をキュッと締めるようにして、骨を正しい位置に安定させ、その位置のまま動かせるように体（筋肉）に記憶させていく**のです。トレーニングというとキツそうですが、ストレッチ程度なので、ハードな運動が苦手な人でも全然大丈夫！

この2つをセットで行うと、早く、確実に正しい姿勢に戻せるうえ、**インナーマッスルを効率よく目覚めさせる**こともできます。

インナーマッスルとは、体の深部で骨格を支え、正しい姿勢をキープしてくれる役割を果たす筋肉です。

インナーマッスルが働くと、体幹が安定するので痩せやすくなり、関節への負担も軽減されて、日常生活を楽に送れる疲れにくい体になります。さらに、**女性らしくしなやかでくびれのある美ボディへと変化していきます！**

両方行うことで
最短・最速でボディメイク!!

ほぐし

骨を動かしやすくするために、筋肉を包む薄い膜・筋膜のねじれや癒着をローラーなどで取り、筋肉のコリやハリをほぐす。関節も動かしやすくなり、骨が正常な位置へ。

＋

トレーニング

体を動かして、正しい骨の位置をキープできるように関節を締める。トレーニングといっても、小さな動きで骨のまわりの筋肉に感覚を入れていくストレッチ的なもの。

自律神経が整い、不調も改善するユミコア！

ユミコアは、ボディラインを整えるだけでなく、心身の不調まで同時に解消できるのも強みです！

骨格のゆがみが整うと、呼吸や血液・リンパの流れが促され、老廃物が排出されやすくなります。すると、むくみや便秘、冷え、肥満、肌のくすみ、ホルモンバランスの乱れといったトラブルの解消につながるのです。特に、**ユミコアは背骨をよく動かすので自律神経がとても安定**します。

また、つらい更年期症状にも効果的です。ユミコアの生徒さんにも多い年代ですが、女性ホルモンの分泌が急激に減少するために、体調やメンタルが大きくゆらぐ症状が改善されたという人がたくさんいます！

- **産後のユミコアで自律神経が安定し、育児疲れやイライラが治まりました**
- **2年間悩み続けた背中のコリと頭痛がなくなり、生理周期が整いました**

- 肩コリ、腰痛がいつの間にか消えて、気分スッキリ！
- 些細なことでケンカになっていた夫との仲も良好に
- 膣呼吸やほぐしで、尿漏れが治りました！
- 薬でも治らなかった不眠症が治ってぐっすり眠れるように
- 生理痛とＰＭＳ（月経前症候群）が改善し、むくみも解消
- 43歳からユミコアを始めて、そもそも更年期症状が現れていません

年齢を重ねていくなかでは、ボディラインの崩れや体調不良もあるかもしれませんが、自分で改善できる方法を知っていたら安心だし前向きにもなれますよね。ユミコアは、そんなお守りのようなメソッドでもあるんです。

骨格のゆがみから起こる主な体の症状とは？

全身の不調
（首コリ、肩コリ、腰痛、疲労感、倦怠感、頭痛など）

主に、背骨のS字カーブが崩れることや骨盤のゆがみから周辺の筋肉に負担がかかり、コリや痛み、だるさが生じます。

内臓・婦人科系の不調

姿勢が悪いと背骨や骨盤が正常な位置で内臓を支えられず、全体的に下垂します。結果、子宮脱になったり、胃腸が圧迫されて消化不良や便秘に、子宮や卵巣が圧迫されて月経痛に、というように内臓のトラブルを招きやすくなります。

血行不良、冷えやむくみ

骨格のゆがみは、血液やリンパの流れを停滞させます。血流はとても大事！　血流が滞ることで冷え、むくみ、ホルモンバランスや自律神経の乱れが起こりやすくなります。

私のユミコア体験記！

ユミコアを実践して、“褒められボディ”になっている人が全国で続出中!!
ここではそんなお声をお届けしましょう。

お腹のセルライトが消えて、くびれができた！

**Jさん（56歳）：
ユミコア歴4年半**

パンツのサイズ
L→S！

After

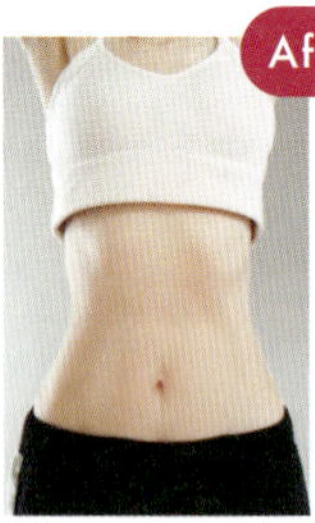

←

Before

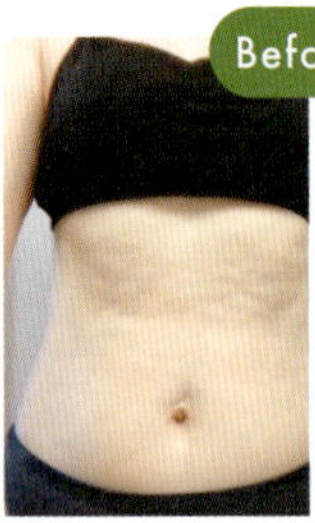

美しいボディラインにも憧れていましたが、肩や背中のコリ、難聴やめまいなど体の不調がひどく、根本的に体の使い方を変えたくてユミコアを始めました。驚いたのは、体の不調を直すことが最初の目的だったのに、ボディラインがどんどん変化したこと。お腹や脚のセルライトが消えて、くびれができたり、産後太ってパンツはLサイズでもギリギリだったのが、余裕でSがはけるように！　何もしなければ衰える一方だったと思いますが、50代に入ってからのスタートでもユミコアなら変われる。もっとよくなると希望を持っています！

諦めかけていたボディラインにメリハリが出た！

鹿子木 蒔さん（25歳）：ユミコア歴4年半

肋骨締めて
アンダー
70cm→65cm

After

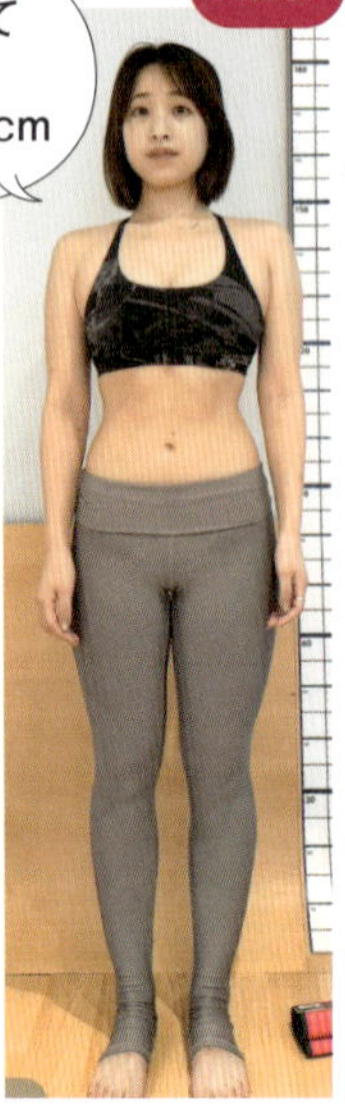

←

Before

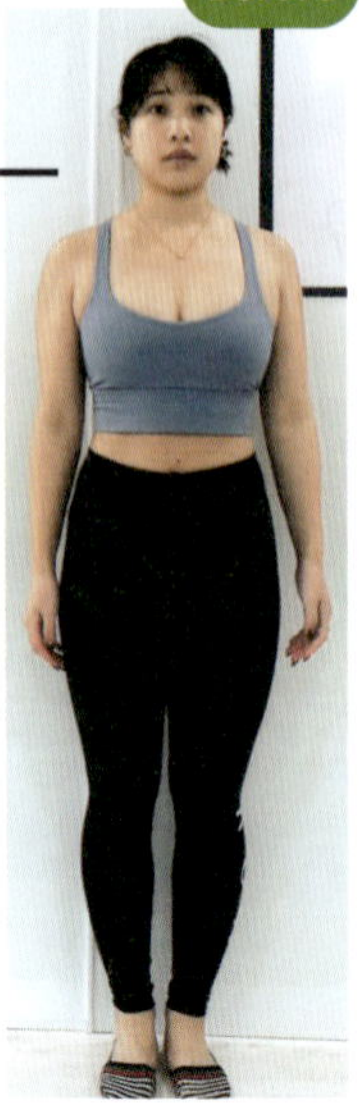

ぽっちゃり体型がコンプレックスで、メリハリのあるかっこいいボディは諦めるしかないのかなと思っていたけれど、Yumico先生の本で、ユミコアに興味を持ち、体験レッスンに参加。コツコツ続けてブラジャーのアンダーが70→65に！　胸の位置が高くなり、しかもカップは変わらず肋骨が締まったのがとてもうれしい！　胸から腰にかけてS字ラインができました。

痩せていた頃よりスタイルがいいと褒められる!

Mackeyさん(43歳):
ユミコア歴1年2か月

ウエスト −10cm
体重 −5kg

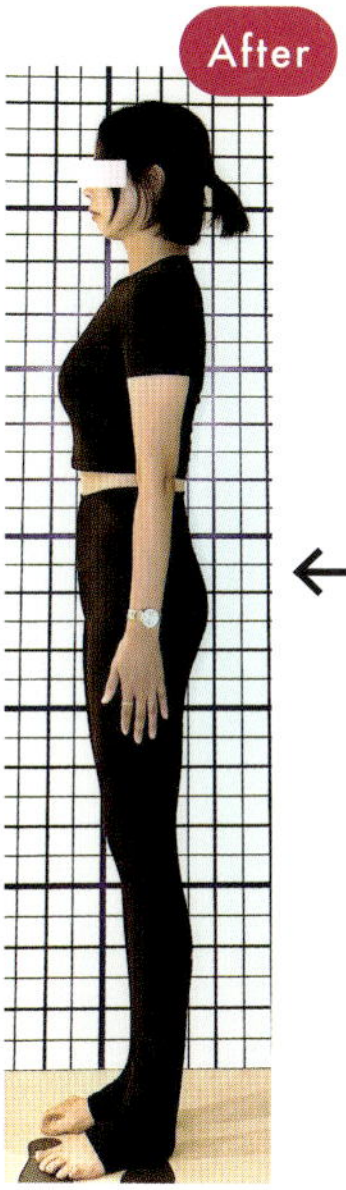

←

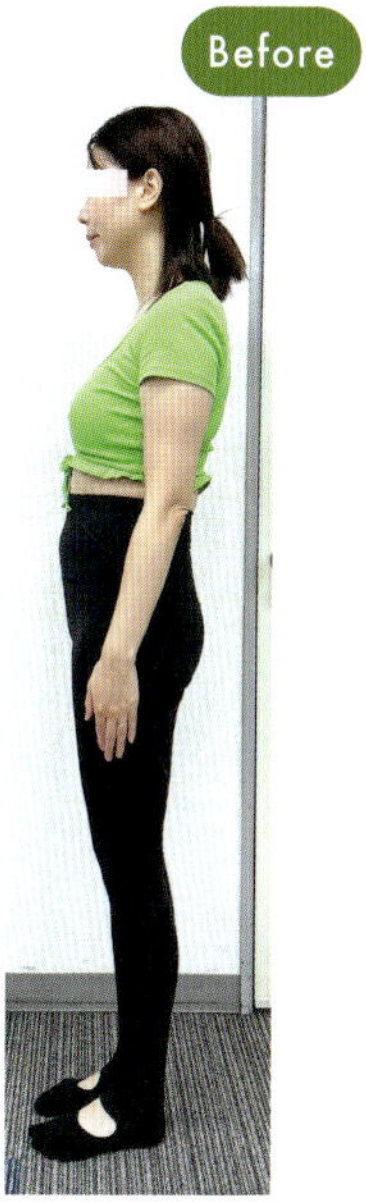

生活環境の変化と年齢的なものなのか、気づいたら9.5kgも体重が急増! ダイエット目的でピラティスに通い始めましたが、私にはピラティスが合っていなかったのか、なぜかどんどんたくましくなり、自分が理想とするスタイルとはかけ離れるばかり。
そこで、天神スタジオのオープンに伴いユミコアにシフト! ユミコアに通い始めたら、体重は無理なく5kg減、ウエストはなんと−10cm! ボディメイクをしていたのに顔まで変化があり、小顔に!
体重は元に戻ったわけでもないのに、久しぶりに会った方々から「痩せていた頃以上にスタイルがいい!」と褒められています。

2週間で、入らなくなっていた洋服がまた着られた!

Aさん(38歳):ユミコア歴1年2か月

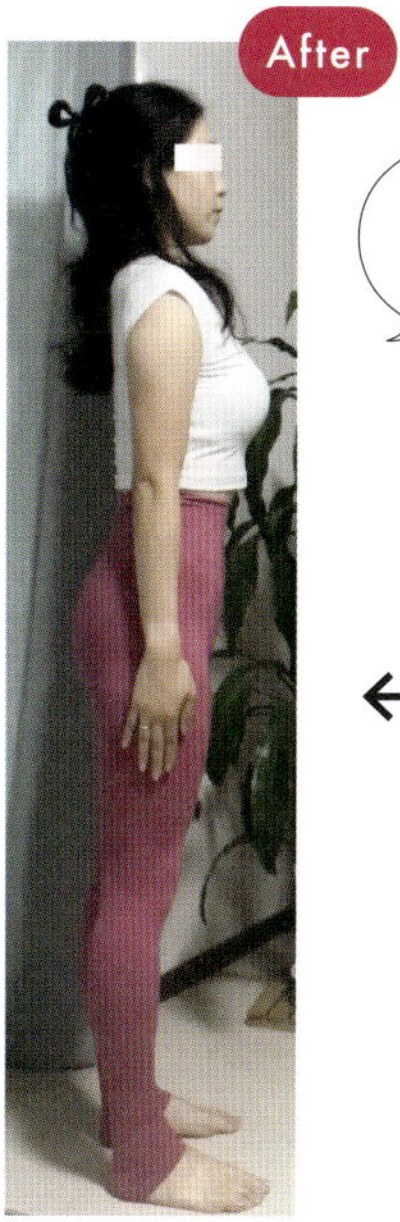

自然に
体重 −5kg

←

「結婚後、太ってしまった体を元に戻したい」。それがユミコアを始めたきっかけです。ユミコアを始める前は、置き換えダイエット、食事制限、ジム通いなど、いろんなことに挑戦していました。でも、何一つ変化が出ず、ストレスをためていた頃、ユミコアの無料体験オンラインレッスンを2週間やったら、なんと入らなくなっていた洋服すべてがまた着られるように!
その衝撃と感動は今でも忘れられません。
その後、オンラインレッスンを継続すると、食事制限なしで太った分の5kgが自然に戻り、今はどんなに食べても太らない体に! 痩せたのにバストはしぼまず形が上向きによくなったのも驚きです。

薬いらずの健康体＆ウエスト−9cmのくびれボディに♡

Sumiko（44歳） 梅田スタジオ・ユミコアトレーナー：ユミコア歴5年

163cm
52kg
↓
167cm
55kg

デスクワークをしていた頃は、自律神経失調症で、月の半分は体調不良。「親友はロキソニン」というほど鎮痛薬が欠かせない毎日でした。いつも機嫌が悪く、イライラを子どもにぶつけていたことも……。でも、どうすることもできず、「人ってなんで生きてるんやろう？」と生きる意味を見失っていたときにユミコアに出合いました！

ユミコアを継続していていちばんうれしかったのは、姿勢が整うにつれ、体調不良が改善されて薬を飲まなくなったことです！

そしてどんどん小顔になり、スタイルもよくなりました。バストはBからDカップになり、ウエストは−9cmに！

ユミコアメソッドは体も心も整える魔法のようなメソッドです！ 自分の健康のためにもスタイルアップのためにも、1日10分、コツコツと続けることが秘訣です！ 3か月後の自分は今の自分の行動で決まる！ 楽しみながら心も体も豊かになっていきましょう！

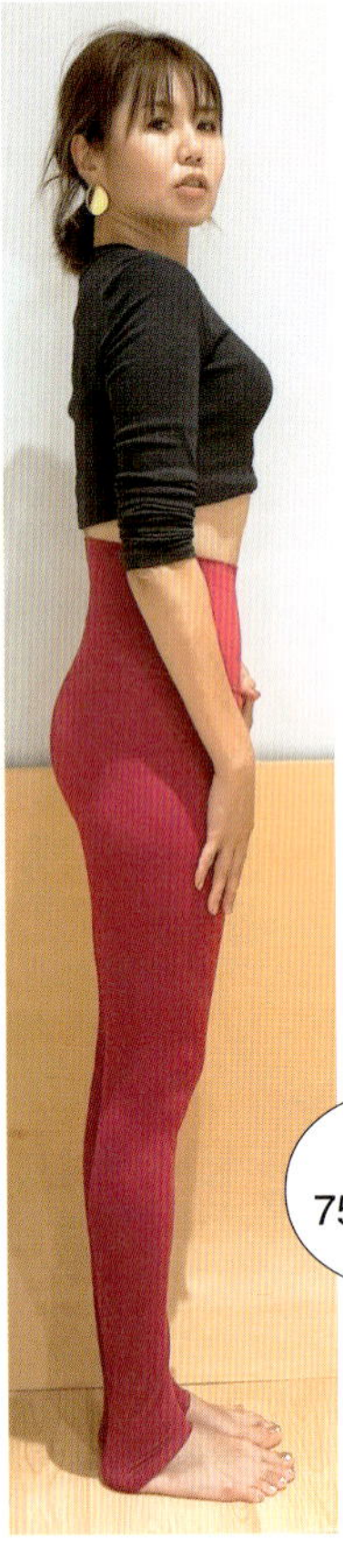

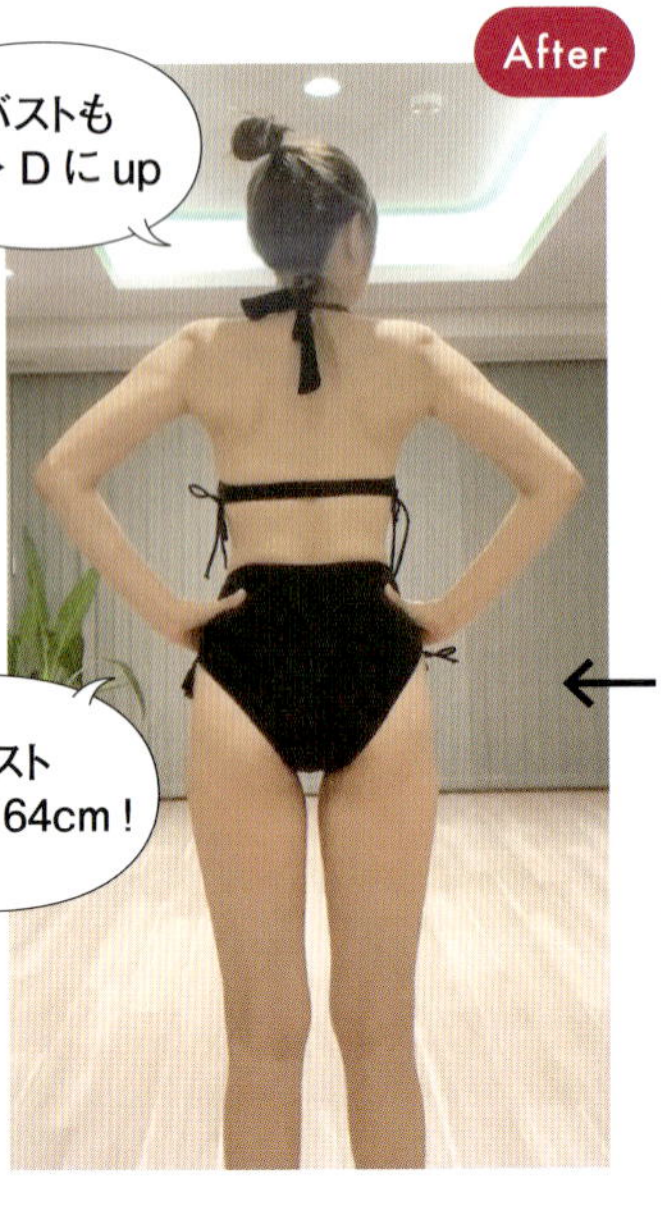
After
バストも
B → D に up
ウエスト
75cm → 64cm！

←

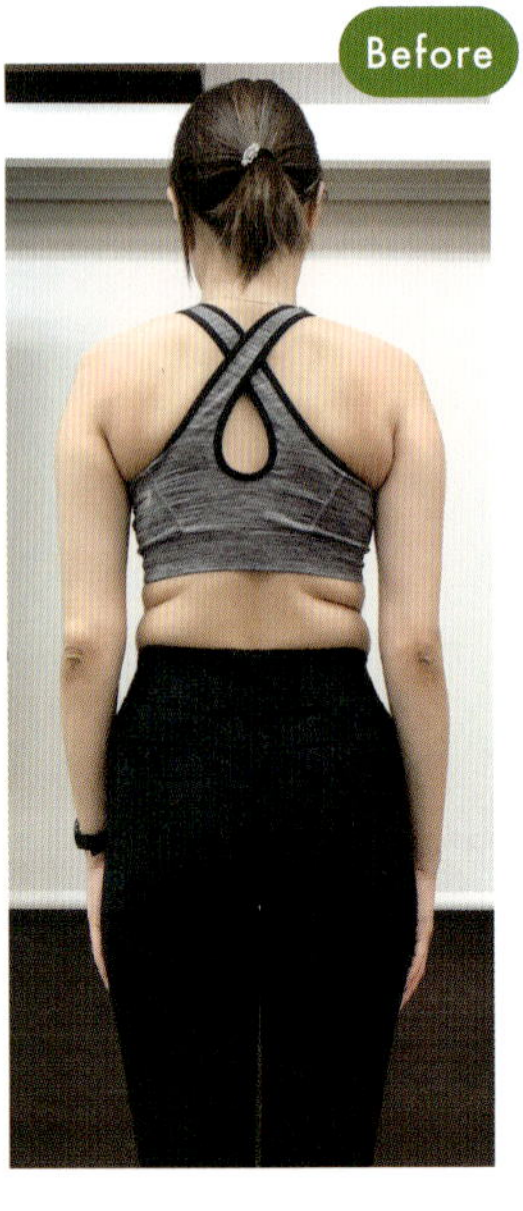
Before

実際の体重より、
スタイルがよく見えると褒められます！

Mizu（40歳） 名古屋スタジオ・ユミコアトレーナー：ユミコア歴3年

155cm
59kg

↓

157cm
54kg

私は元看護師で、4 人目を出産後、Yumico 先生のスタイルに憧れて、産後2か月目からオンラインレッスンを開始しました。でも、子育てや看護師の仕事が忙しく、最初は幽霊部員状態。それでも少しずつ変われましたが、本気で自分と向き合った約1年半で目に見えて体が変化しました！ 出産や夜勤などのストレス、睡眠不足で増えた体重は自然に5 kg 減。実際の体重よりスタイルがよく見えると夫からも褒めてもらえます。さらに「4人産んだのだから……」と諦めていた湯漏れが改善し、長年、右腕が上がらず、しびれがあったのも治りました。私は子育てや仕事で無理をしてしまう自己犠牲タイプでしたが、ユミコアで自己投資して、ホント大正解。ユミコアなら未来の自分の美と健康を守ってあげられますよ！

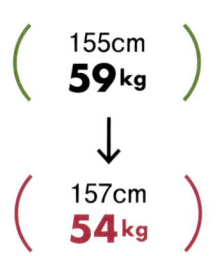

Chapter 2

これだけでOK！

メリハリボディ エクササイズ

脚を細くしたいから脚だけ、お腹を凹ませたいからお腹だけ……。
それではいつまでたっても魅力的なメリハリボディはつくれません。
5つのエクササイズで、骨から体を整える基本をマスターしましょう。

誰でも何歳からでも変われるユミコア

回数は多くても、少なくても OK！ できる範囲で行って！

このエクササイズは、慣れてくると一通り行っても約 10 分程度。ただ、回数はあくまで目安です。毎日の体調に合わせて、多く行ったり減らしたり、心地いいペースで続けてみてください。

朝と夜、それぞれに行うよさがあります。両方やるのもおすすめ

エクササイズを行うタイミングは、いつでもOK！ 朝に行えば、交感神経が活動モードに入るので、シャキッと元気に一日をスタートできます。さらに血流が促されて体を動かしやすくなり、日中のエネルギー消費量もアップします。夜に行えば、安眠効果抜群です！

1週間に1度全部やるより、毎日1つでも行って習慣にするのが◎

メリハリボディエクササイズを一通り行うと、全身の大事な骨を整えるスイッチをONにできます。でも、エクササイズをすべてこなすことにこだわらなくても大丈夫！ 「一通り行うのは大変だから 1 週間に 1 回だけ」というより「1 つでも、1 分でも毎日行う」というほうが、効果の面ではおすすめです。少しでも毎日続けることで、体はちゃんと記憶し、変わろうとしてくれます。

始める前に知っておいてほしいこと

まずは1か月続けてみよう

ユミコアを始めた人の多くは、約１～２か月でまず体調の変化を感じるようです。美ボディを定着させるには、ここからが本番！　骨格が完全に変わるのは最短で約３か月、そこに筋肉や脂肪がついて「ボディラインが変わったな」と見た目でわかるようになるのは約１年後です。長く感じるかもしれませんが、リバウンドしない一生モノのメリハリボディが手に入ります！

アザができたら、負荷を軽くして行って

メリハリボディエクササイズではほぐし用のローラーを使いますが、強く当てすぎるとアザができることがあります。その場合は、ローラーに巻くタオルの量を増やすなどして、負荷をやわらげてみましょう。ちなみに、最初はアザができやすくても、筋肉がほぐれて柔らかくなってくるとアザができにくくなります。また、最初の数回は急に血流がよくなったために、終わったあとにダルくなることがありますが、好転反応なのでくじけずに続けましょう！

写真のようにキレイに動けなくても問題なし！

大切なのは、体のどこを動かしたいのか、その部位を意識しながら行うこと。最初のうちは思うように動けなくても、「胸を天井に向けて開く！」などイメージを大切にしてみて。

月経中も負担でなければ行ってかまいません

月経中は心身が不安定になりやすく、無理は控えたい時期。でも、メリハリエクササイズは負荷が軽いので、行ってもかまいません。適度な運動には月経の負担をやわらげる効果もありますよ。

Let's Yumi Core!

〝道具〟を使えば、早く確実に効果が出る！

メリハリボディエクササイズでは、「ほぐし」と「トレーニング」をセットで行います。その際、必ず使うのがほぐし用のローラーです。

「道具を用意しないといけないの？　面倒……」と思うかもしれませんが、ユミコアメソッドでは道具がマスト！　なぜなら、道具を使うことにはさまざまなメリットがあるからです。

メリットの１つは、誰でも簡単に筋膜や筋肉をほぐせること。肩コリがつらい人は経験があると思いますが、ガチガチに固まっている筋肉を自分の手でほぐすのは、かなり大変です。でも、道具を使えば、深部のコリまで簡単にほぐせます。**道具はいわば、自分専用の整体師さんのようなもの**なんです。

そして、鏡を見るだけではわからないコリやハリ、筋肉の存在に気づけることも大きなメリットです。体に道具を当ててみると「ここが特に痛い」「ここが動かしにくい」といったように、筋肉の状態が自分の感覚でわかります。また、どの部分にアプローチしているのかを意識できるので、エクササイズの効果も出やすくなります。

こうした理由から、「これからエクササイズを始める初心者の人こそ、ぜひ道具を使ってください！」とお伝えしているのです。

スタジオでは専用のローラーやボールを使っていますが、この本のメリハリボディエクササイズでは、ペットボトルにタオルを巻いた簡易ローラーでＯＫ。すでに市販のローラーを持っている人は、それを使ってくださいね。

こちらもオススメ！

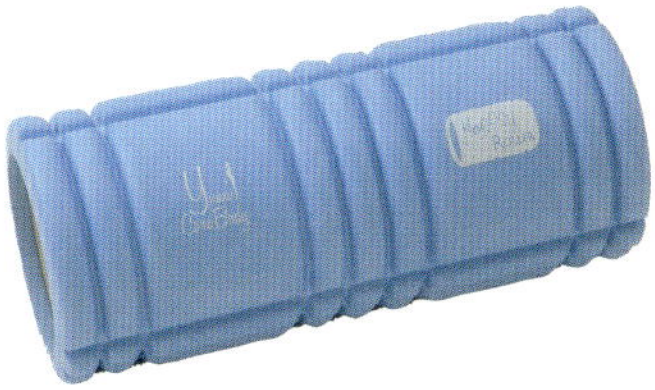

HoggsyRoller（ホグッシーローラー）

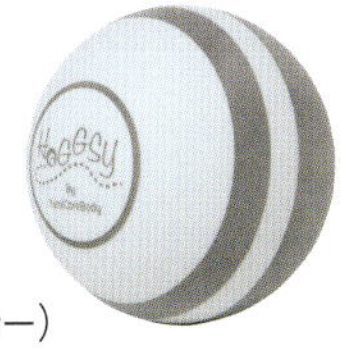

Hoggsy（ホグッシー）

ユミコアのスタジオで使う「ホグッシーローラー」は、筋膜リリースボール「ホグッシー」をはめこむ部分があり、より深い部分の筋膜や筋肉へのアプローチが効率よくできるようにもなっています。

ペットボトルローラーの作り方

筋肉や筋膜をほぐすのに役立つローラーは、家で手作りできます。
ペットボトルなら、旅先などでもすぐに用意できるので便利です。

準備するもの
- 水が入ったペットボトル
  （なるべく固いものを）：500mℓ程度
- バスタオルやフェイスタオル

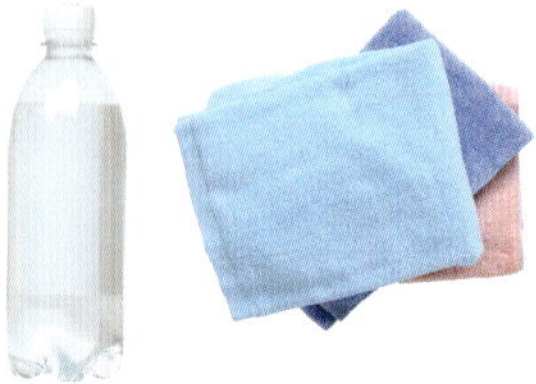

バスタオルを縦半分に折り、ペットボトルにしっかり巻きます

ペットボトルを用意できないときは、ラップの芯や雑誌を丸めてゴムで巻いたものなどを使ってもOK

タオルの厚みによって、実際に使用したときの体の感じ方が変わります。タオルをたくさん巻いて、直径が太くなるほど負荷は軽くなります。イタ気持ちいい程度を目安に調整してみましょう

タオルボールも
ほぐしにお役立ち！

タオルをキュッと結ぶだけで、ほぐしに使える簡易ボールに早変わり。2回結ぶなどして硬さや大きさの調整もできます。ボールは、深部組織へのマッサージ効果を得やすく、ツボ押しのような効果が期待できます。市販のマッサージボールやテニスボールでも代用可能です。

効果がなかなか
感じられないときは、
ローラーでの
ほぐしを丁寧に

エクササイズの効果を実感しにくいという人に多いのは、筋肉や筋膜が硬すぎてなかなかほぐれないというケースです。ローラーを当てると強い痛みを感じるときは、ローラーに巻くタオルを厚いものにしてみましょう。痛いのを我慢したり、力まかせにローラーを転がしたりすると、かえって筋肉によくありません。呼吸をしながら丁寧にほぐしを行うことで、早い改善につながります。

Yumi Core

しなやかな胸椎が、上半身スタイルアップの決め手！

メリハリボディ
エクササイズ
1

胸《きょう》椎《つい》

背骨の上半分ほどにあたる胸椎は、正しい姿勢をキープするためにとても大切な部位です。

本来はしなやかに動くべきところですが、実際はガチガチに固まってしまっている人がほとんど。猫背になったり、頭や首が前に出たりと悪い姿勢がクセづくのは、この胸椎の硬さが原因です。

でも、**胸椎がほぐれて動くようになると、背骨一つひとつがきちんと積み上がり、その上の頭も正しい位置にくる「よい姿勢」**になります。

すると、顔の縦伸び・たるみが消えて、キュッと小顔に！　また、猫背が改善されることでバストアップにもつながります。つらい首コリ・肩コリ、頭痛もスッキリ解消。

まずは胸椎をほぐし、よい姿勢を目指しましょう！

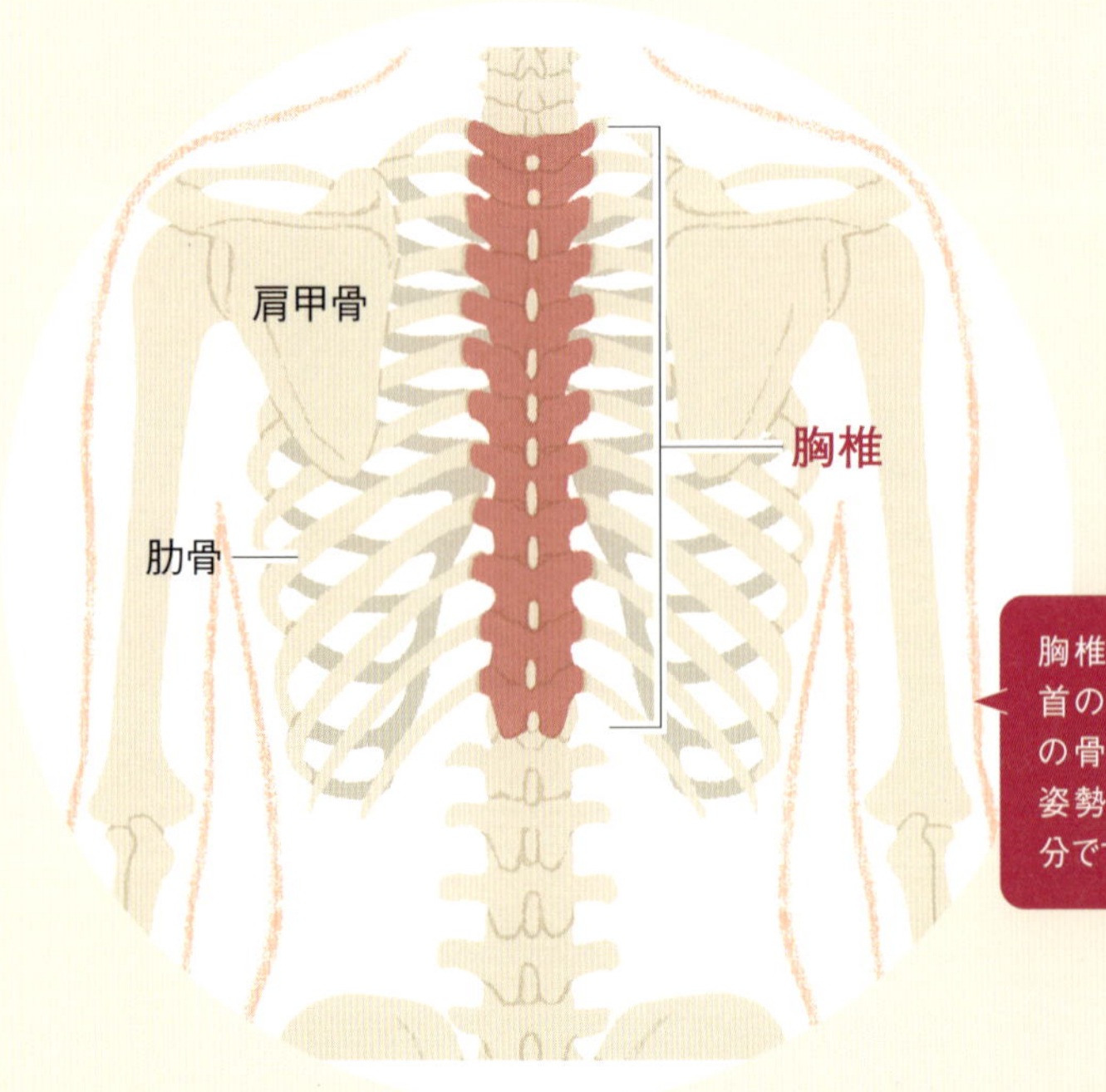

胸椎とは背骨の一部で、首の下辺りから腰上までの骨の並びを指します。姿勢に大きく影響する部分です！

Changing Body

胸椎エクササイズのうれしい効果

美容効果

小顔効果
顔の縦幅が短くなる
首が長くなる
バストアップ

本気で
体を変えたいなら、
姿勢を変えて！

私はこのスタイルを維持するため、常に姿勢を意識しまくっています。胸椎は、姿勢改善に欠かせないパーツ。特に上半身は別人級に変わります！

健康効果

首のコリ・肩コリ改善
ストレートネック改善
頭痛解消

ほぐし

胸椎

硬くなった胸椎を動かしやすくする

胸椎伸展ストレッチ

肩甲骨の
中央辺りに当てる

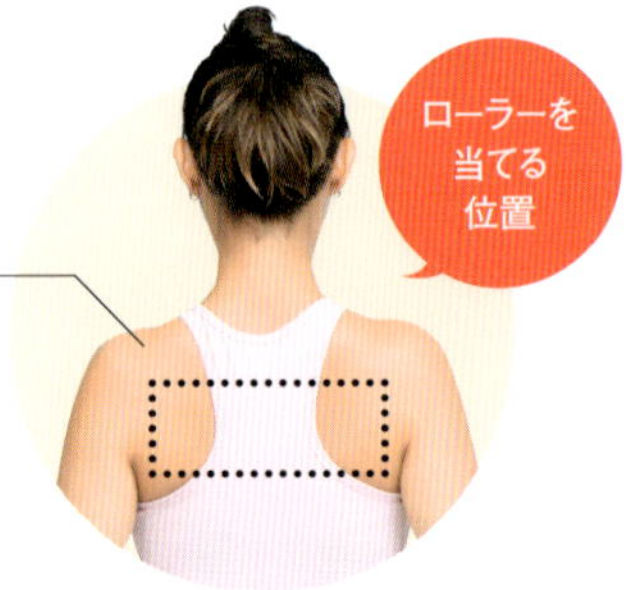

STEP 1

ローラーが肩甲骨の
中央辺りにくるように
仰向けに寝て、
手を後頭部で組む

ひざを立てて腰幅に開く

Standby

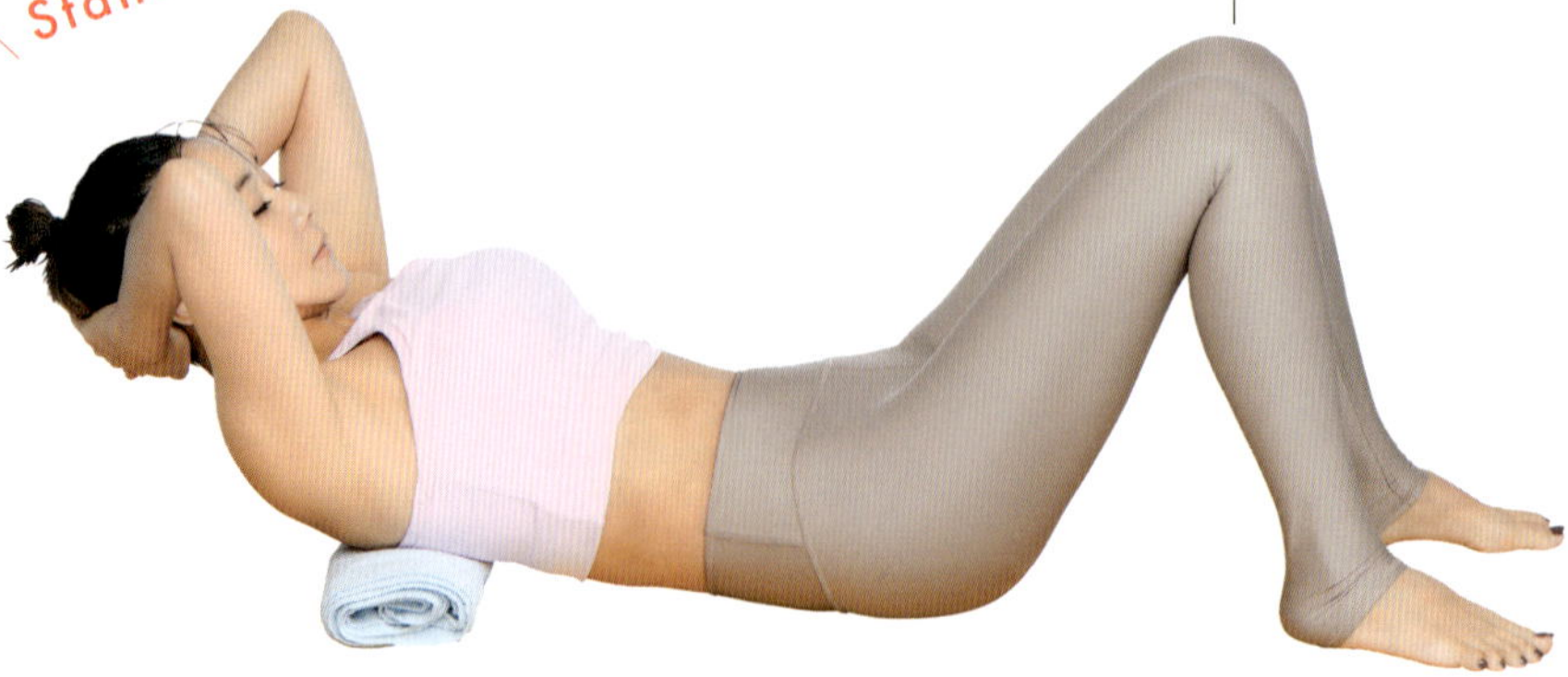

STEP 2

鼻から吸う呼吸に合わせて、頭を床の方向へ。息を吐きながら、頭を元の位置に戻す

\ NG! /

腰から反らさない

胸椎が硬いと、腰から反ってしまいがちですが、腰を痛めてしまうので要注意。胸の上のほうを開く意識で。

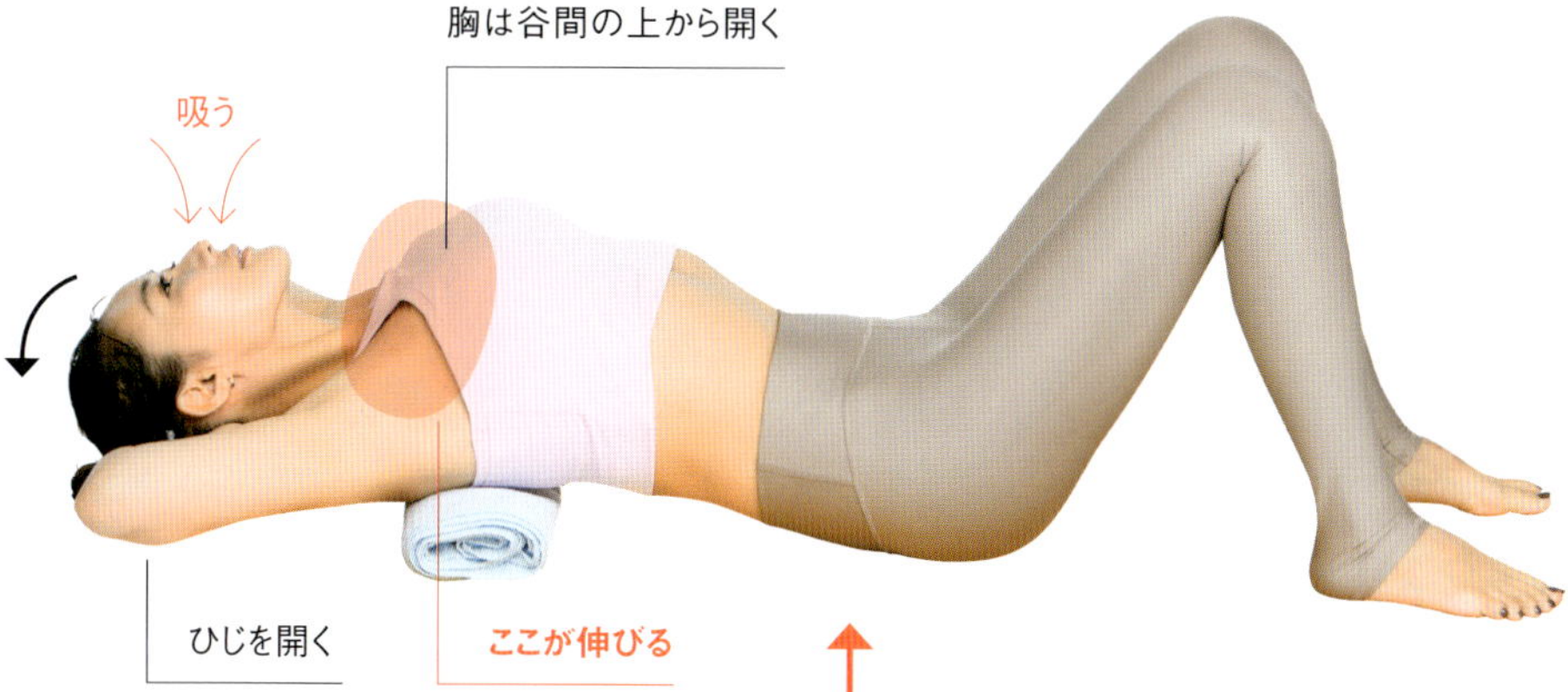

胸は谷間の上から開く
吸う
ひじを開く
ここが伸びる

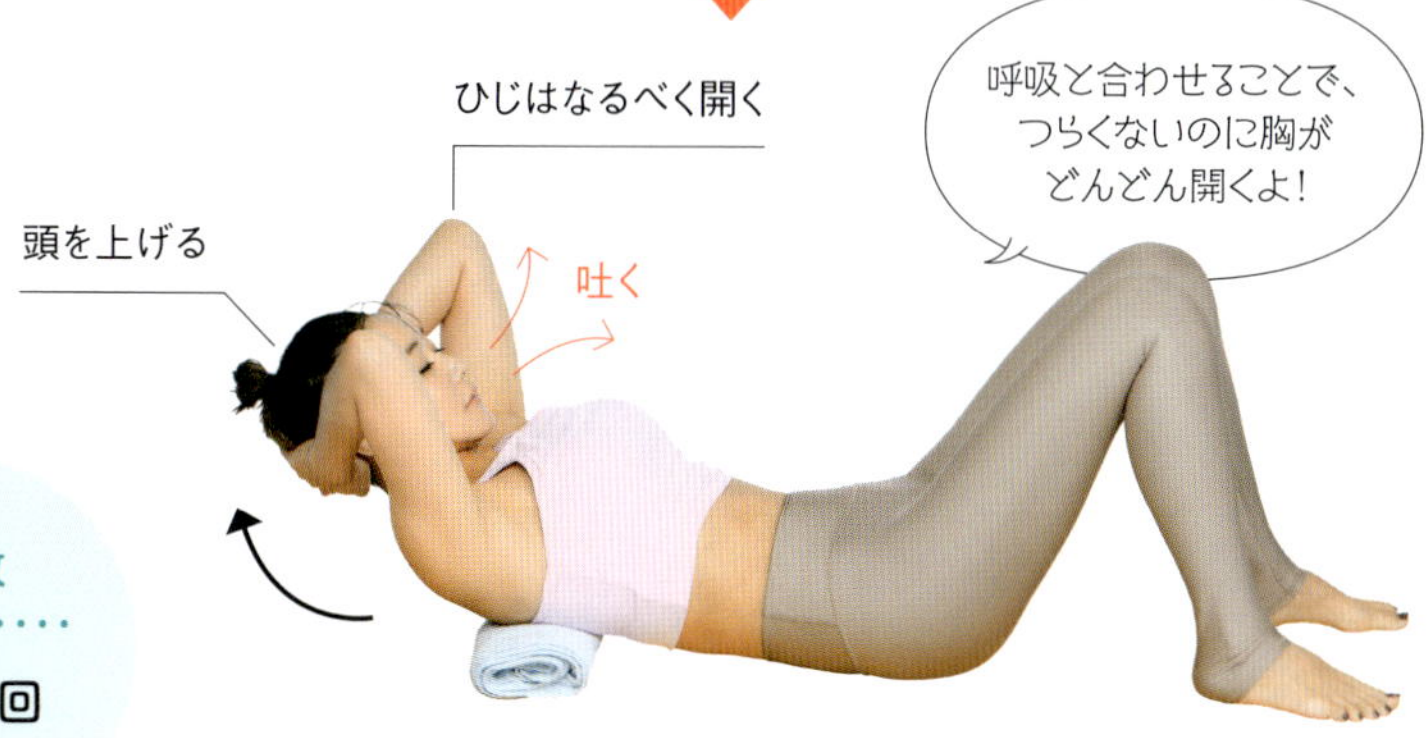

ひじはなるべく開く
頭を上げる
吐く
呼吸と合わせることで、つらくないのに胸がどんどん開くよ！

回数

10回

トレーニング

胸椎

胸椎をひねって、肋《ろっ》骨《こつ》まわりを動かす

ブックオープン

STEP 1

**横向きに寝て、左脚を
90度に曲げる。
左手でペットボトルを持ち、
両腕を体の前方に伸ばす**

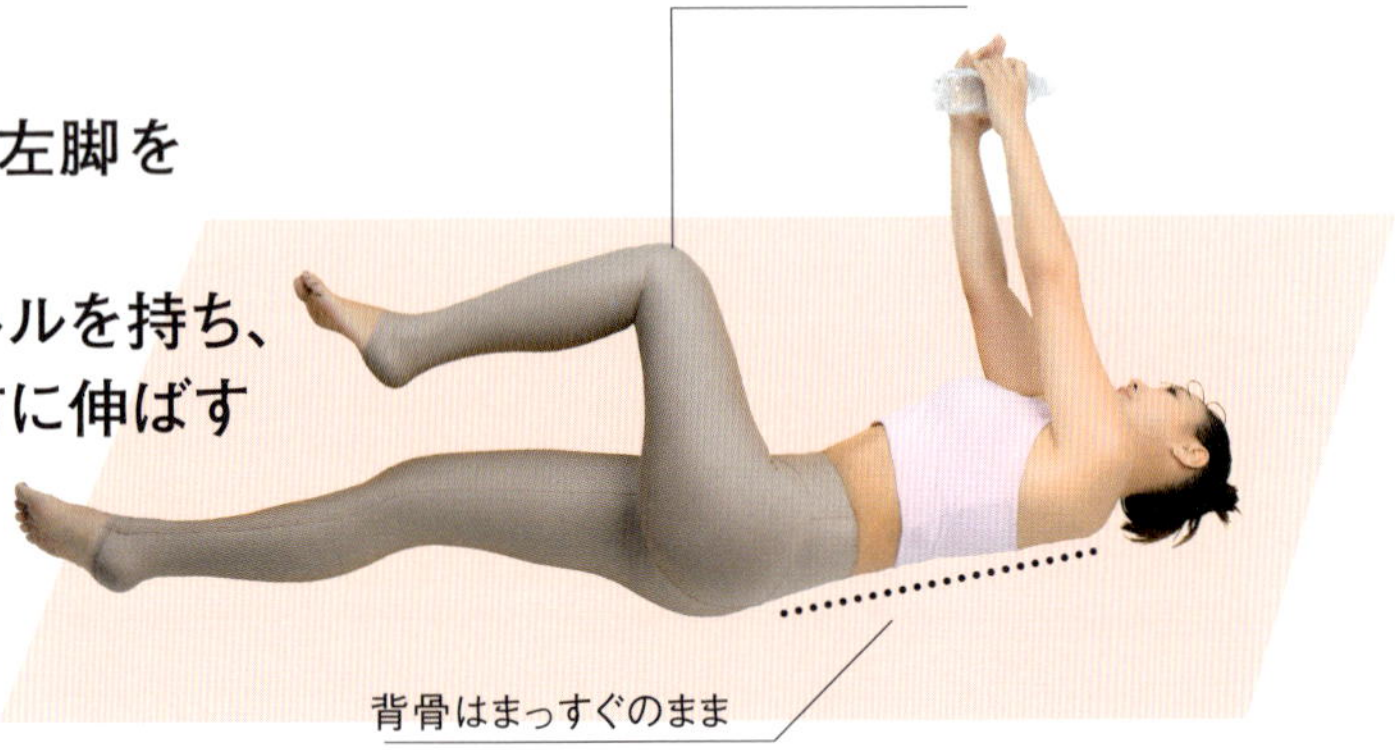

ひざを床につける
背骨はまっすぐのまま

STEP 2

**息を吸いながら、
ペットボトルを持った腕を
床に大きく円を描くように頭上へ**

左ひざがずれないように床を押す
吸う
腕をしっかりと伸ばし、その力を利用しながら
胸を開くようにみぞおちから上だけをひねる
目線もペットボトルの
ほうに向けて
ここが伸びる

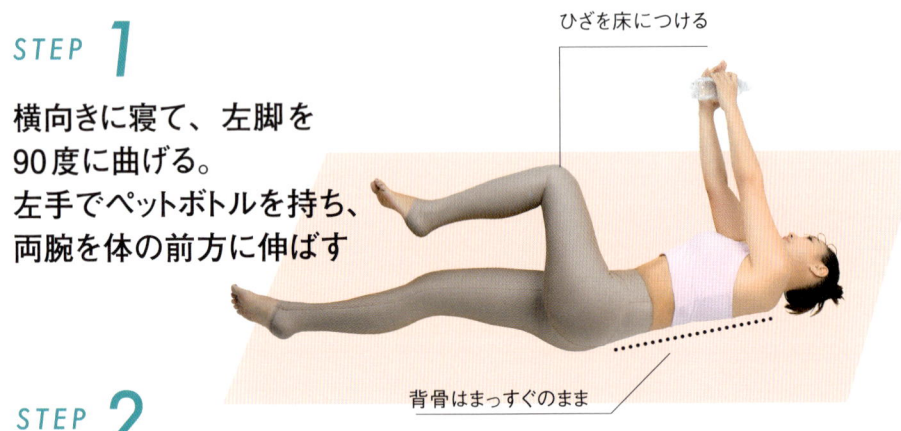

PLUS

胸が開きにくい人は、STEP2、3で鎖骨まわりをほぐそう！

鎖骨のそばにある小胸筋周辺を拳や指でほぐすと胸が開きやすくなります。胸郭の引き上げをサポートし、呼吸がしやすくなる働きも。

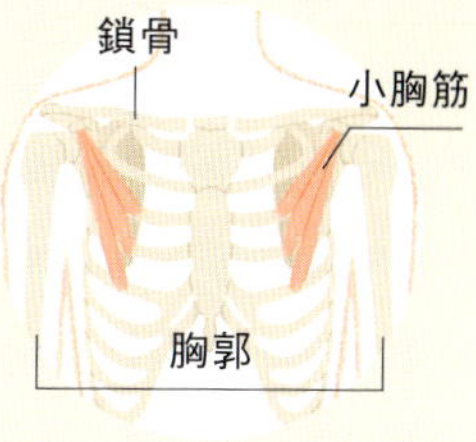
鎖骨
小胸筋
胸郭

STEP 3

胸から開くように後方へ円を描いていく

床を押す
胸から開く
吐く
胸を天井に
見せるように
みぞおちから上を
さらにひねる
鎖骨まわりにも
伸びを感じて

＼ NG！ ／

骨盤を開かない

勢いだけで回してしまうと、腰が開きやすく、胸の前がしっかり伸びません。

STEP 4

息を吐きながら、腕で円を描いて元の位置に戻る。反対側も行う

回数

左右
各5回

Yumi Core

メリハリボディ
エクササイズ
2

肩甲骨が立つと、バストもグンと上向きに

肩甲骨

ほとんどの人は、肩甲骨まわりや肩の筋肉がガチガチに固まってしまっています。主な原因は、普段の悪い姿勢。うつむいてスマホを見続けたり、食事をしたりしていると、肩甲骨が上がって外に広がり、猫背や巻き肩になります。こうした姿勢を続けていると、首や肩の筋肉が緊張して、コリや、腕が上がらない四十肩や五十肩に。さらにはバストのたるみ、ほうれい線や二重あごの原因にも。

肩甲骨を正しい位置に戻すには、肩甲骨とつながっている肋骨や脇も一緒にほぐすこと。特に、背中まわりが硬い人はこのプロセスがマストです。肩甲骨の位置が整うと、垂れていたバストが上向きにアップ！　さらに、二の腕がほっそり引き締まり、上半身の血行も改善されていきますよ。

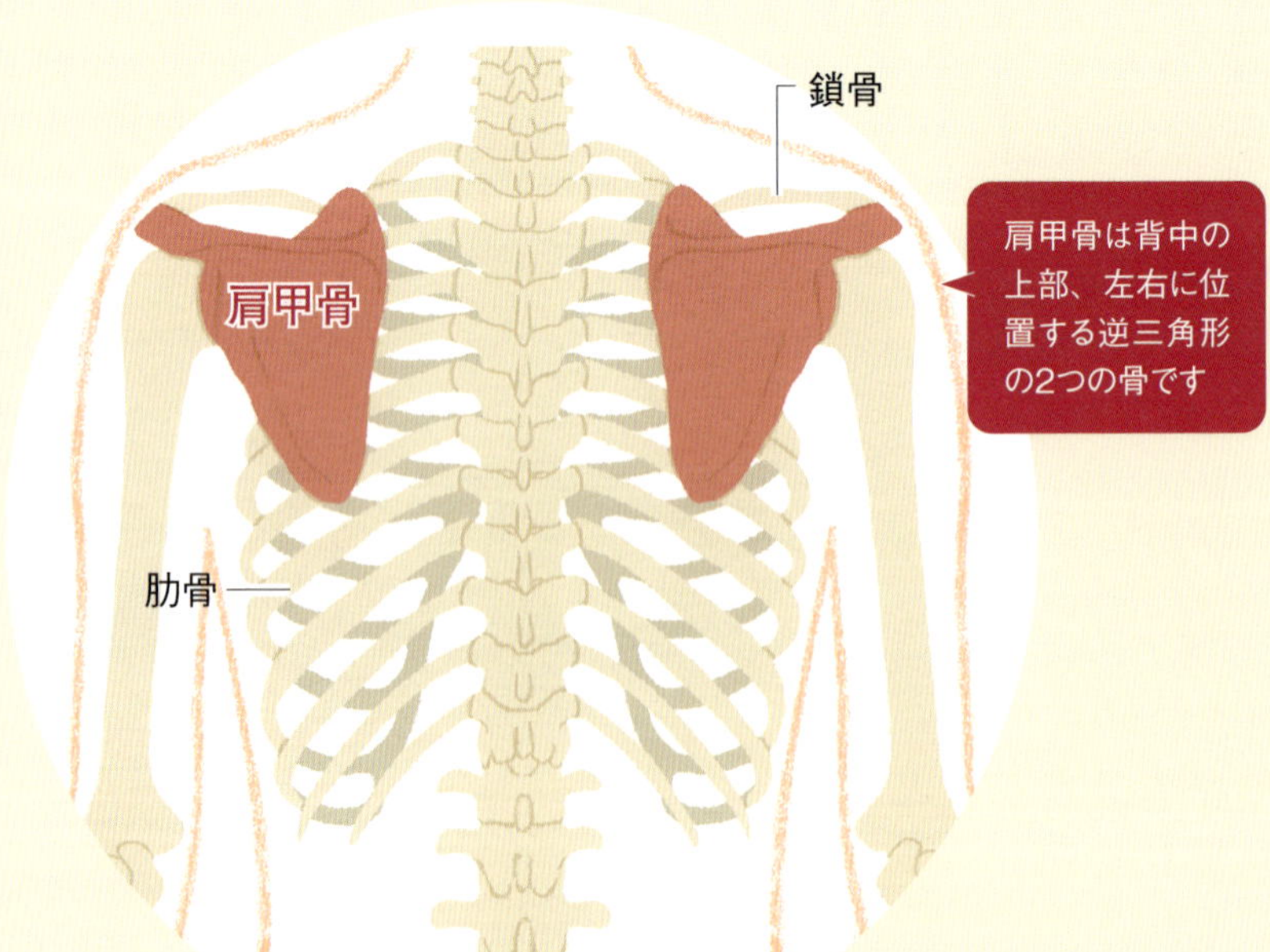
鎖骨
肩甲骨
肋骨
肩甲骨は背中の上部、左右に位置する逆三角形の2つの骨です

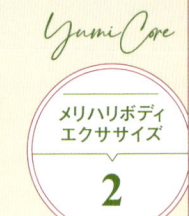

Changing Body

肩甲骨エクササイズのうれしい効果

おっぱいの形を決めるのは、土台の骨の位置！

肩甲骨や背骨、肋骨の位置を整えて、上半身の土台の骨を安定させましょう。まな板おっぱいだったのに、アラフィフで谷間ができた人。Aカップから、なんとEカップになった人もいます!!

健康効果

首のコリ・
肩コリ改善
四十肩・五十肩
改善

美容効果

バストアップ
二の腕痩せ
猫背・
巻き肩改善

肩甲骨

ほぐし

肩甲骨とつながる脇の筋肉をほぐして動きやすくする

脇下ほぐし

STEP 1

横向きに寝て、頭を腕で支え、脇の下にローラーを置く

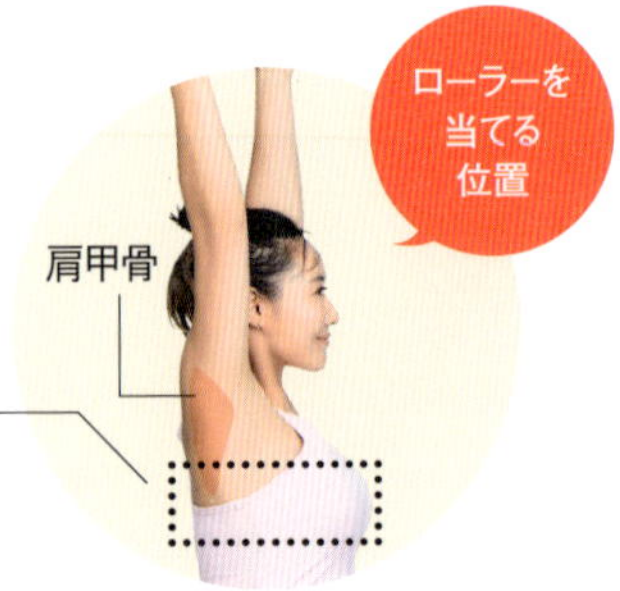

ローラーを当てる位置
肩甲骨
バストトップの横に当たるように

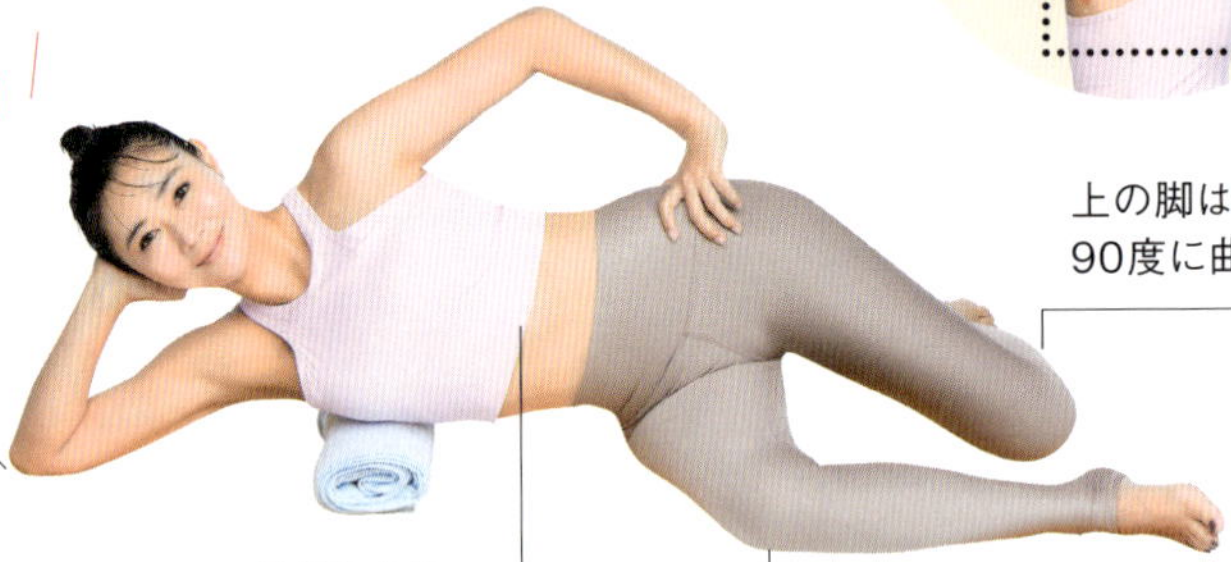

Standby
ひじは遠くにつく
みぞおちは反りすぎない
上の脚は後ろに90度に曲げる
下の脚は前に90度に曲げる

STEP 2

ローラーを手で押さえて、前後に 10回ほど揺らす

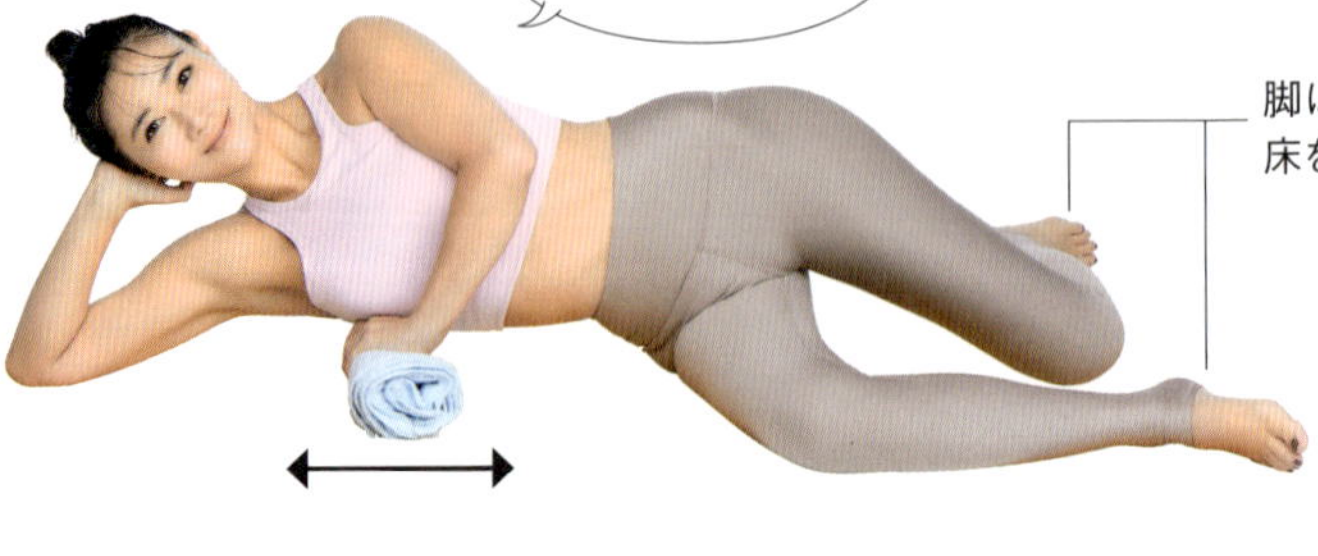

脇のコリがスッキリ、肩甲骨が動かしやすくなったらOK
脚はしっかり床を押す

STEP 3

腕を頭の後ろに回し、息を吸いながら胸を開き息を吐きながら胸を閉じる

目線も一緒に上を見る

胸を谷間の上から開き、おっぱいが天井を向くように

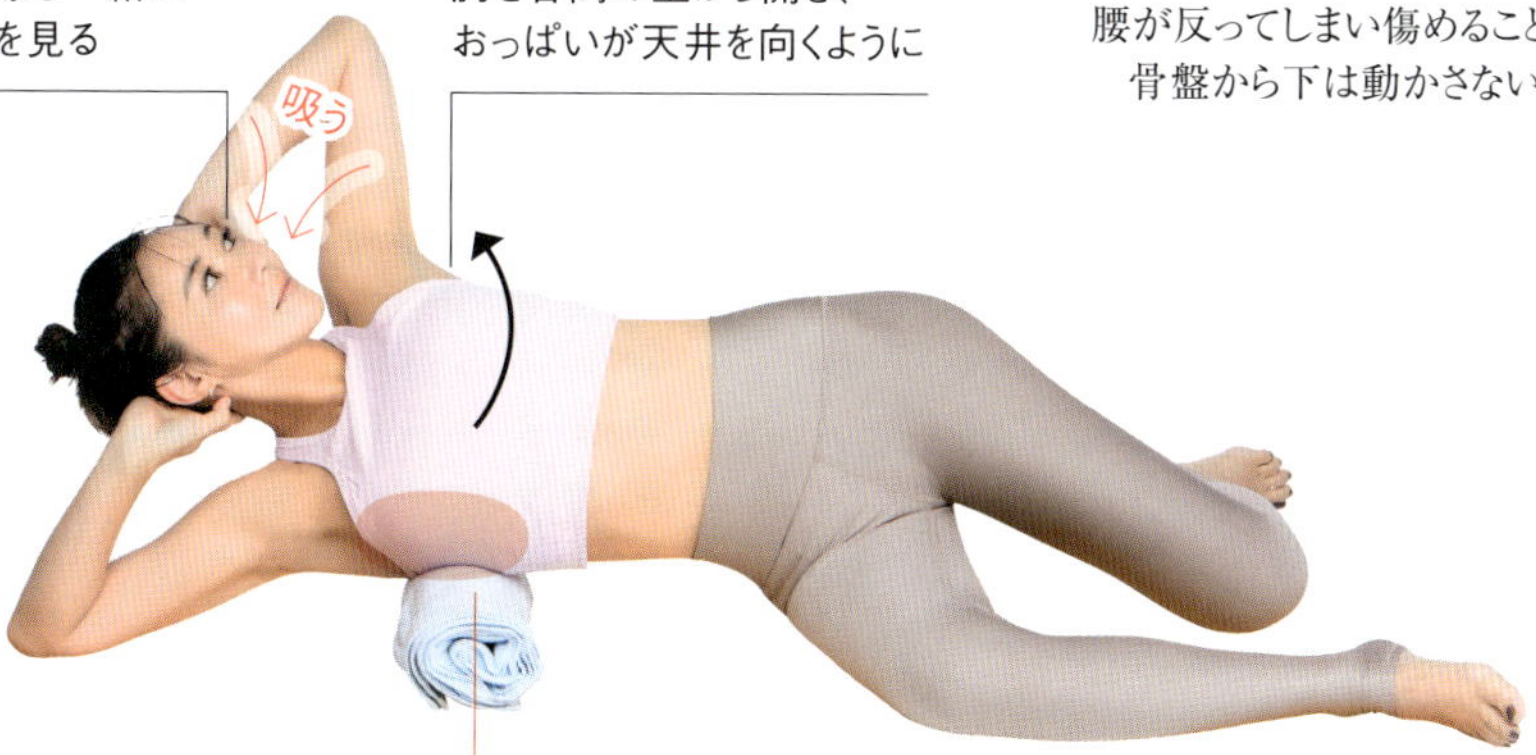

この辺りがほぐされる

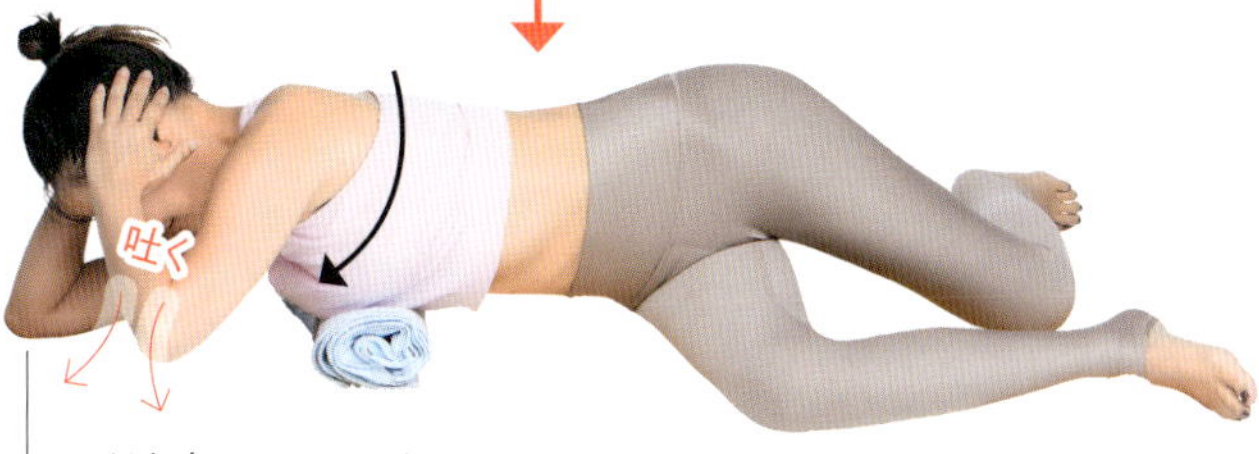

ひじを床につけるように

\ NG! /

骨盤から開かない

腰が反ってしまい傷めることも。
骨盤から下は動かさない。

\ NG! /

背中を丸めない

肩甲骨や背骨が正しく動かない。

回数

左右
各10回

肩甲骨

トレーニング

肩甲骨を多方向に動かす

肩甲骨後傾トレーニング

STEP 1

**縦にしたローラーの上に
仰向けに寝て、バンザイする。
息を吸いながら両腕を伸ばし、
息を吐きながら脱力する**

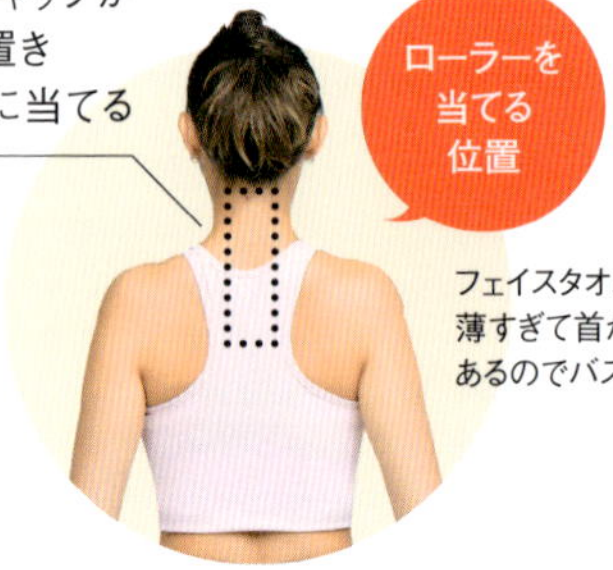

ペットボトルのキャップが下になるように置き後頭部ギリギリに当てる
ローラーを当てる位置
フェイスタオルだと薄すぎて首が痛くなることがあるのでバスタオルがオススメ！

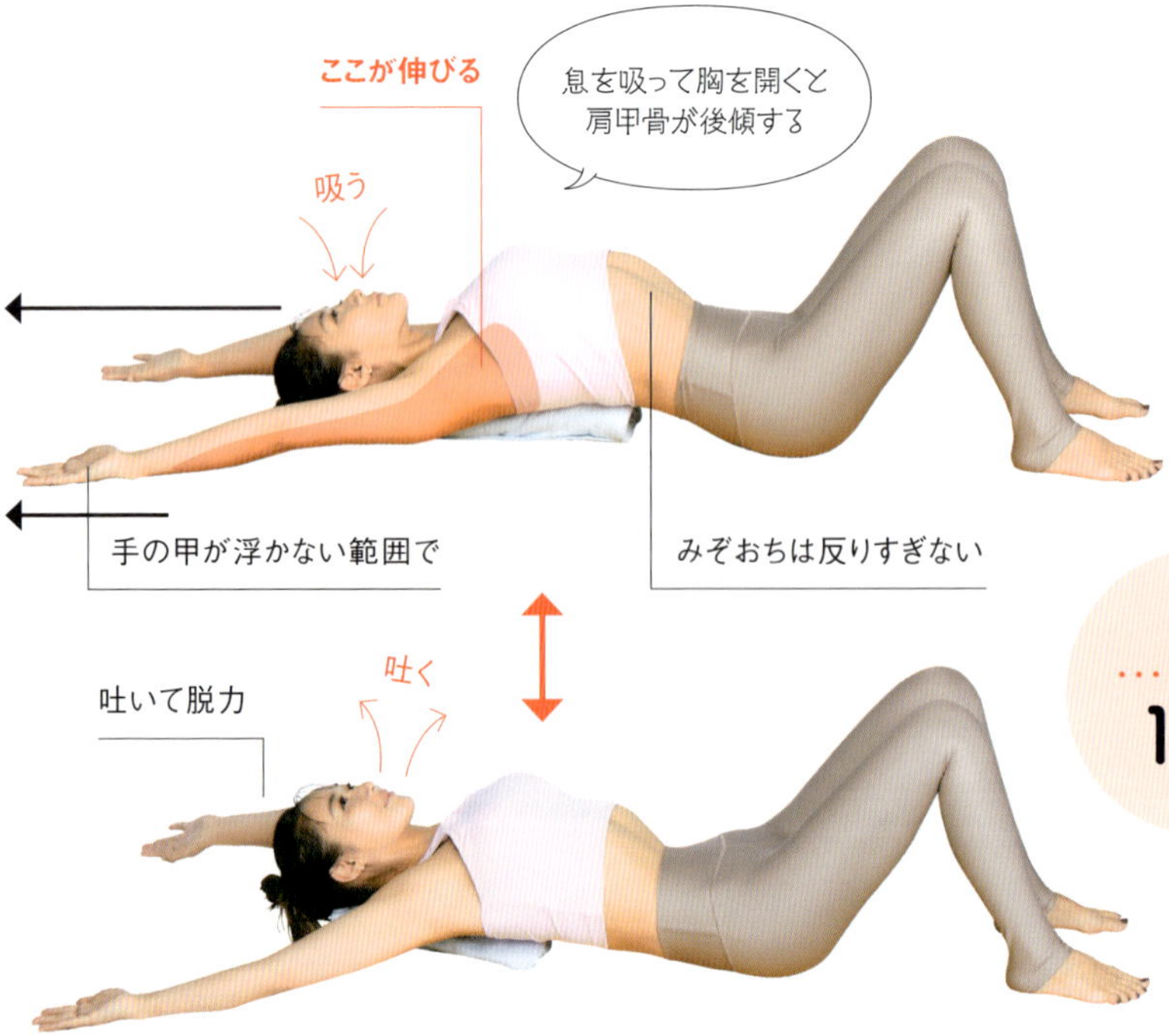

ここが伸びる
息を吸って胸を開くと肩甲骨が後傾する
吸う
手の甲が浮かない範囲で
みぞおちは反りすぎない
吐く
吐いて脱力

回数
10回

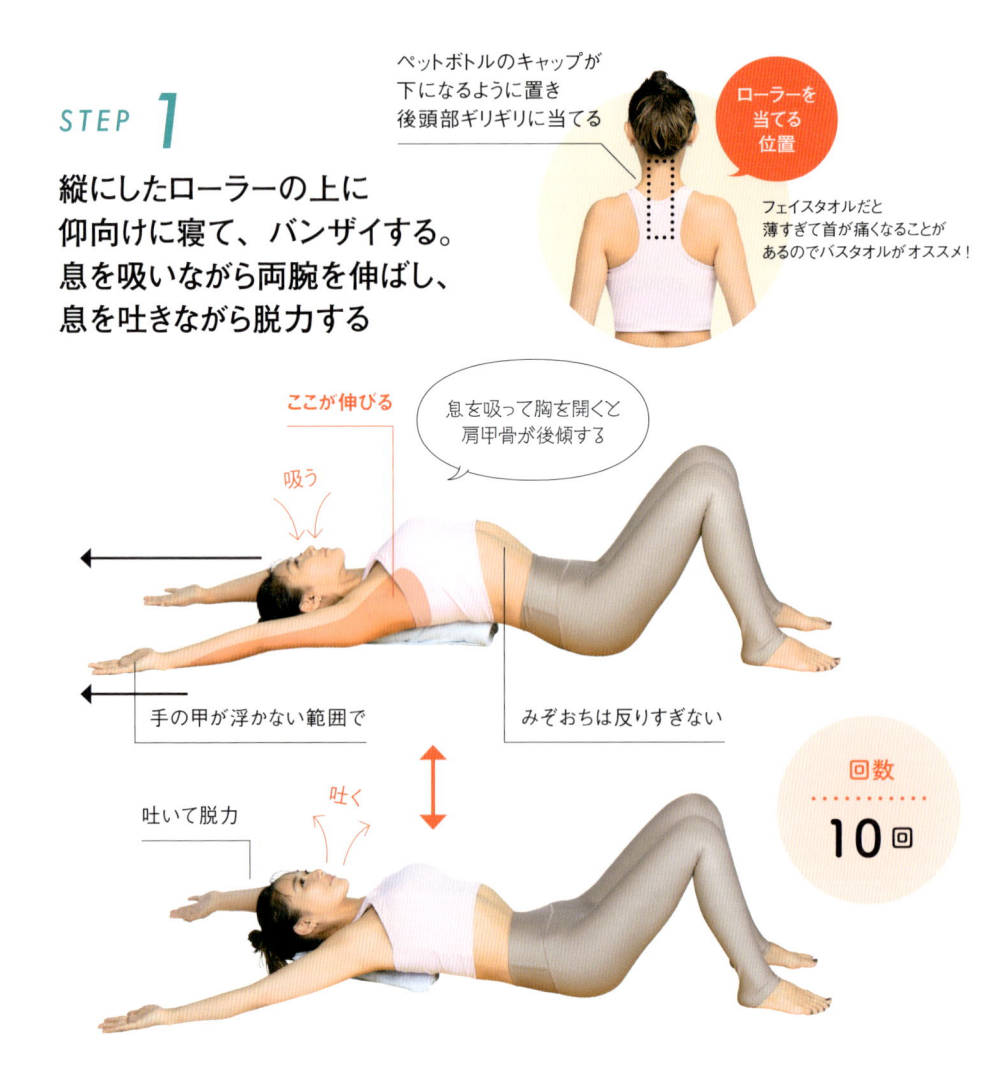

STEP 2

両ひじを90度に曲げ息を吸い、息を吐きながら両腕を顔の前で合わせる

回数

10回

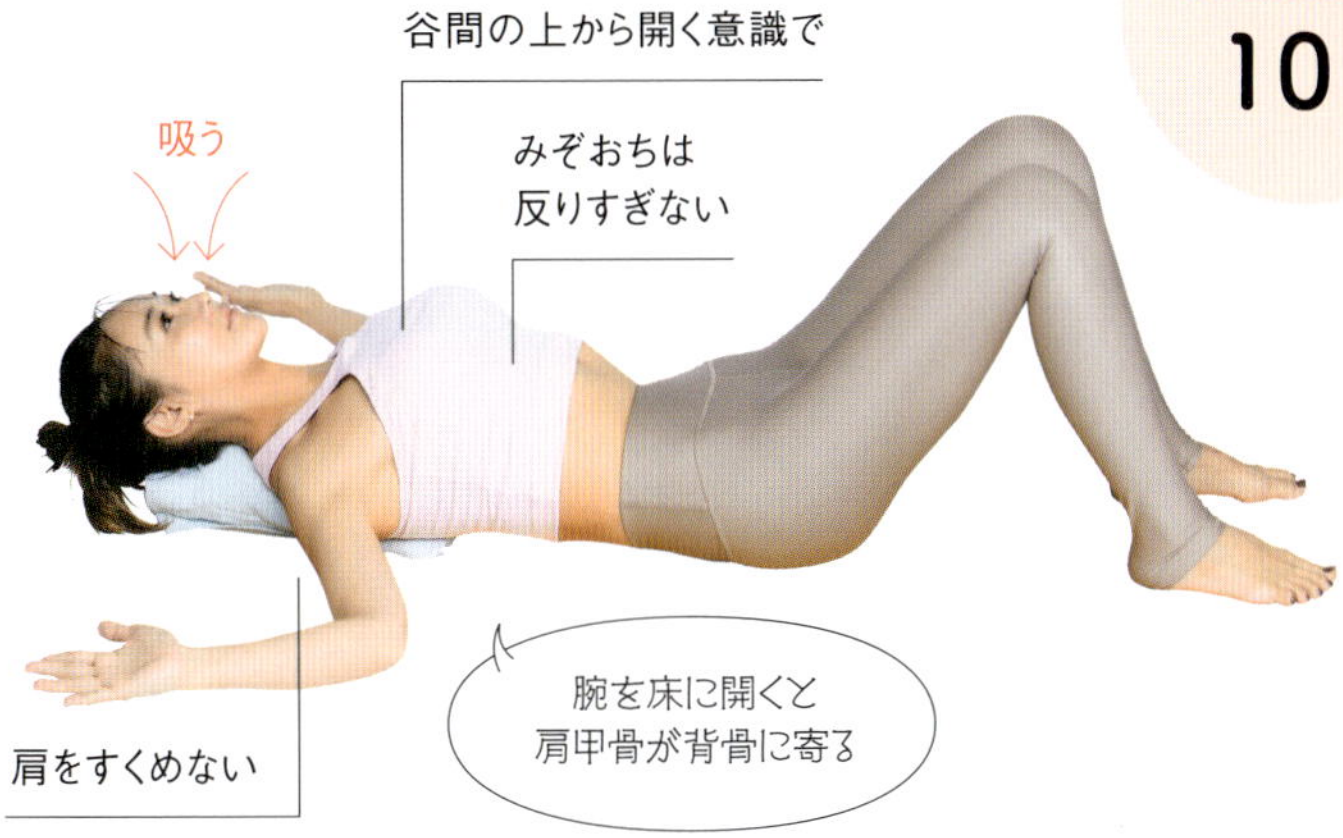
谷間の上から開く意識で
吸う
みぞおちは
反りすぎない
腕を床に開くと
肩甲骨が背骨に寄る
肩をすくめない

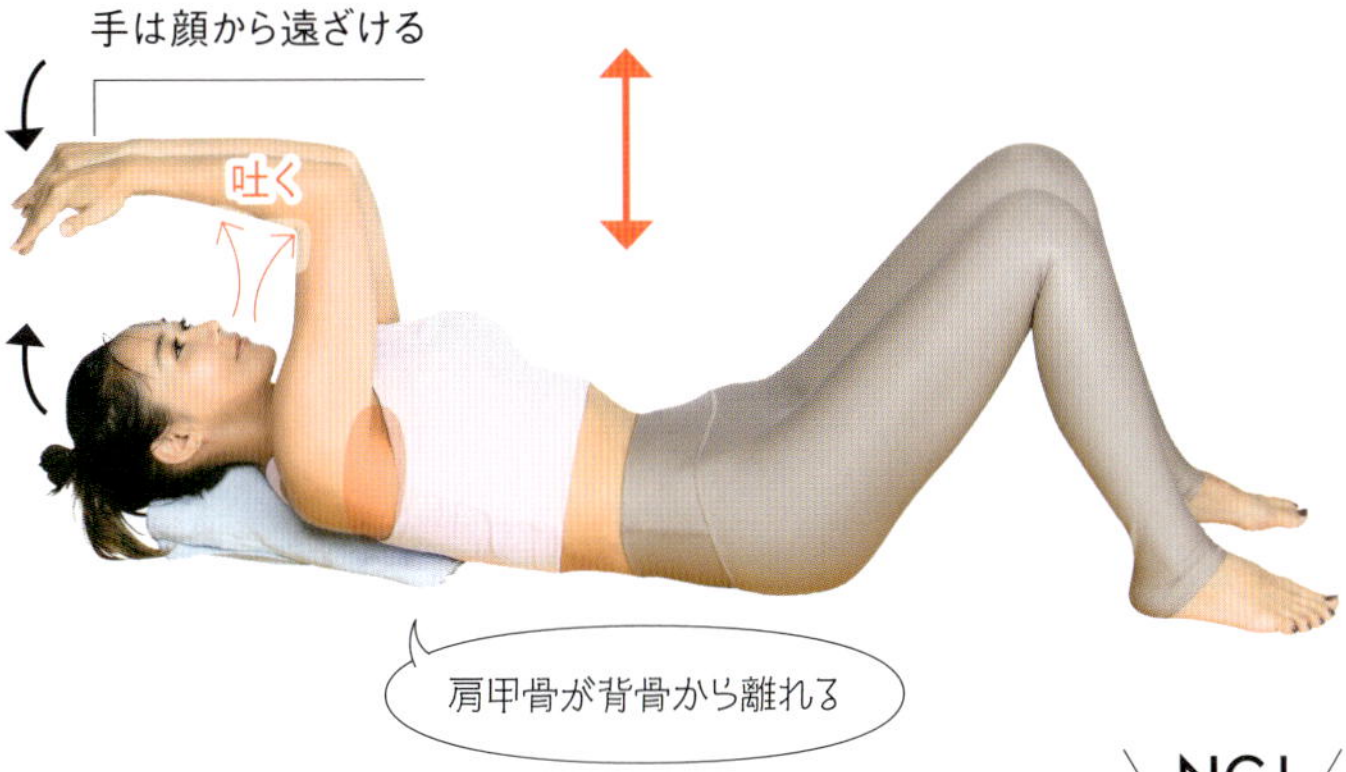
手は顔から遠ざける
吐く
肩甲骨が背骨から離れる

CHECK

バンザイしてみよう!

肩甲骨が動かしやすくなると、耳の横にまっすぐ腕が上がります。

\ NG! /

ひじは下げない

腕だけ動かすことになり、肩甲骨が大きく動かない。

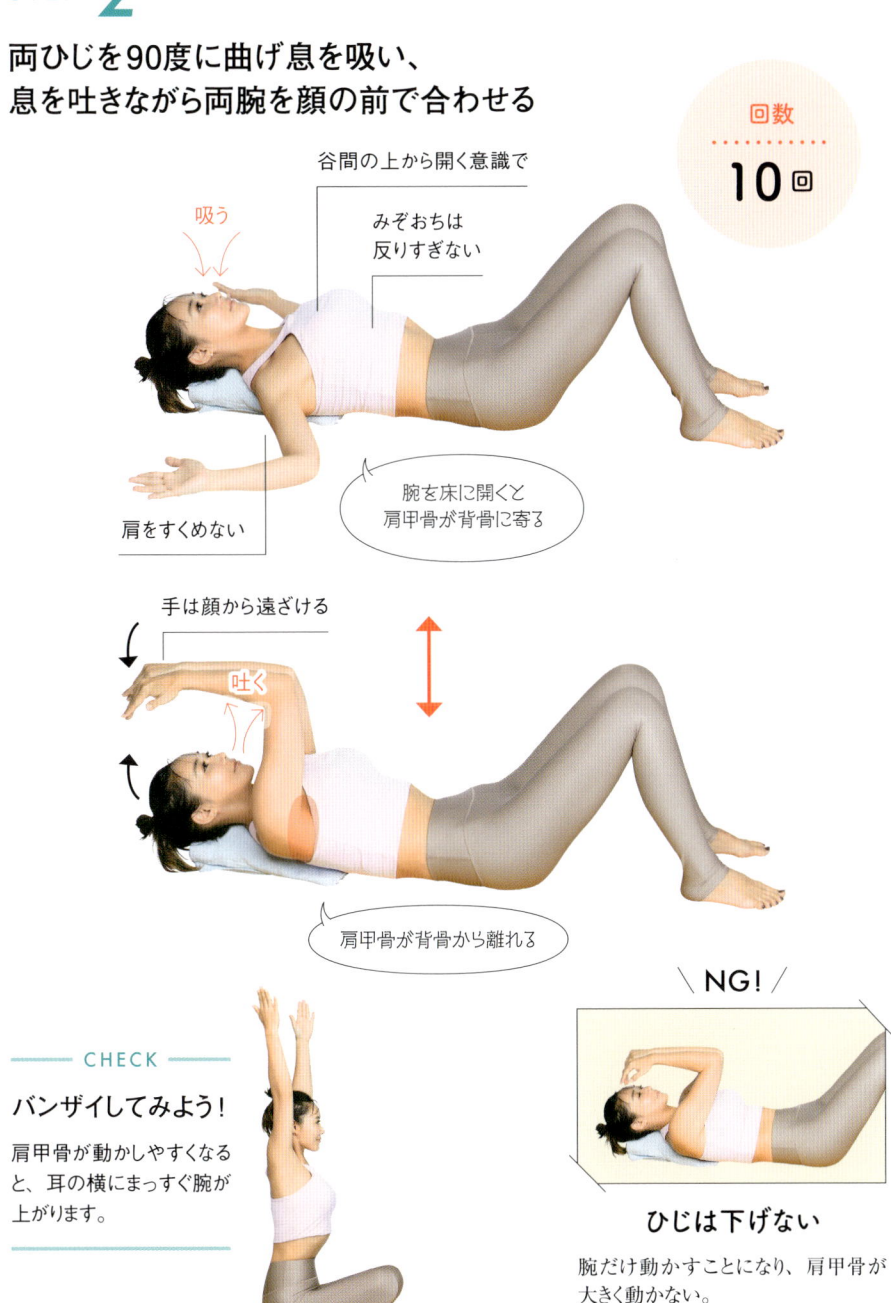

Yumi Core

膣呼吸でインナーマッスルを強化、下腹ペタンコ、くびれをつくる

メリハリボディ
エクササイズ
3

膣

女性にとって大切な膣は、「骨盤底筋」という膀胱や子宮を支えるインナーマッスルに囲まれています。よい姿勢をつくるには、この骨盤底筋を使って体を内側からしっかり引き上げ、軸を通すことが大切です。

今、尿漏れ・湯漏れ・ちなら（膣に空気が入ると出るおならのような音）が多い人は、骨盤底筋がゆるんでしまっている証拠。でも、大丈夫！　私は30代まで毎日湯漏れしていたけれど、今ではゼロです。

骨盤底筋を鍛えるために私がおすすめしているのは、**膣を引き上げるイメージで呼吸する「膣呼吸」**。呼吸とともに、骨盤底筋を動かします。骨盤底筋が鍛えられると、尿漏れや湯漏れのほか、下腹ぽっこりも改善され、くびれもできますよ。

膣呼吸の感覚を上手につかむためには、まず、ほぐしをしっかり行いましょう！

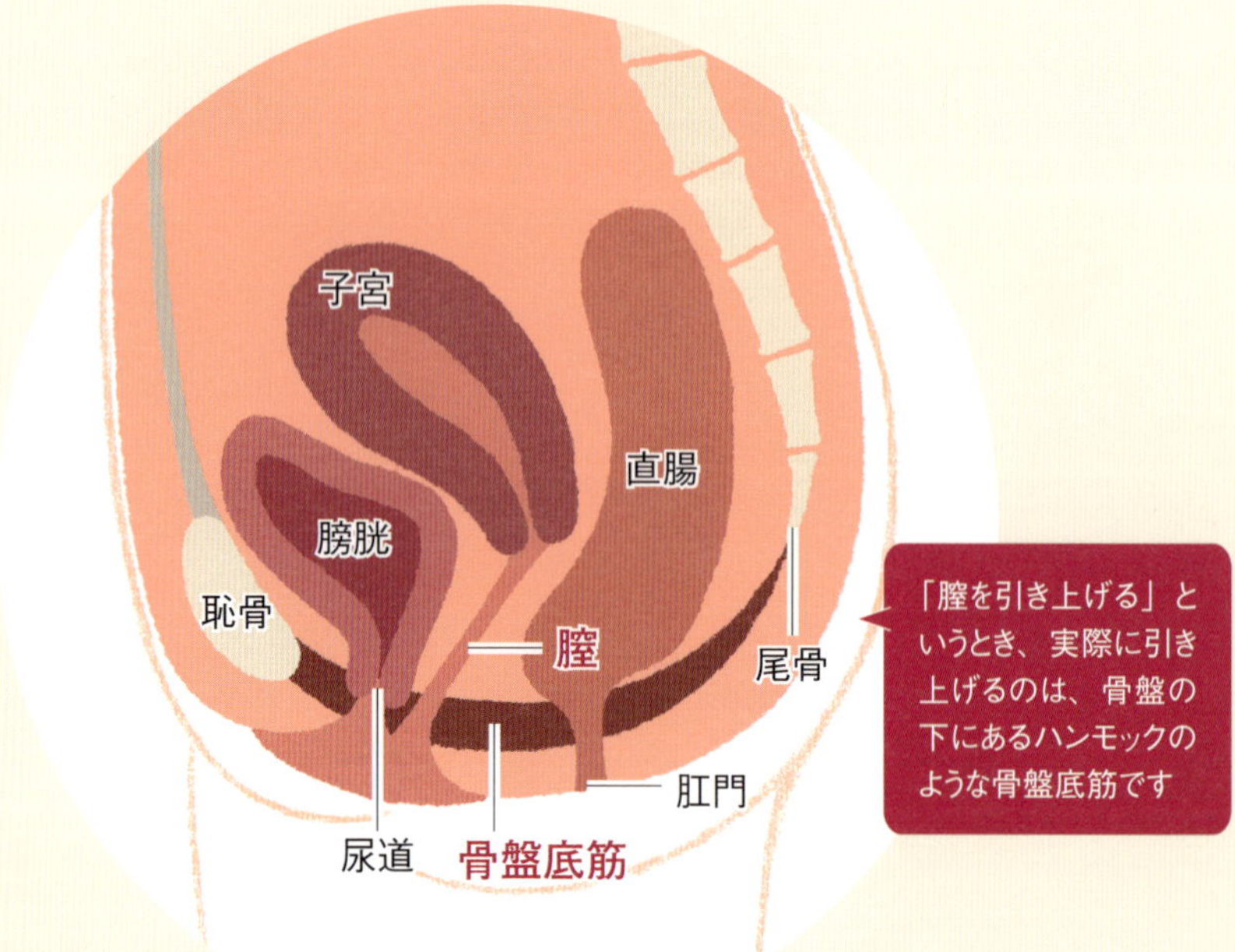
子宮
直腸
膀胱
恥骨
膣
尾骨
肛門
尿道
骨盤底筋
「膣を引き上げる」というとき、実際に引き上げるのは、骨盤の下にあるハンモックのような骨盤底筋です

Changing Body

膣エクササイズのうれしい効果

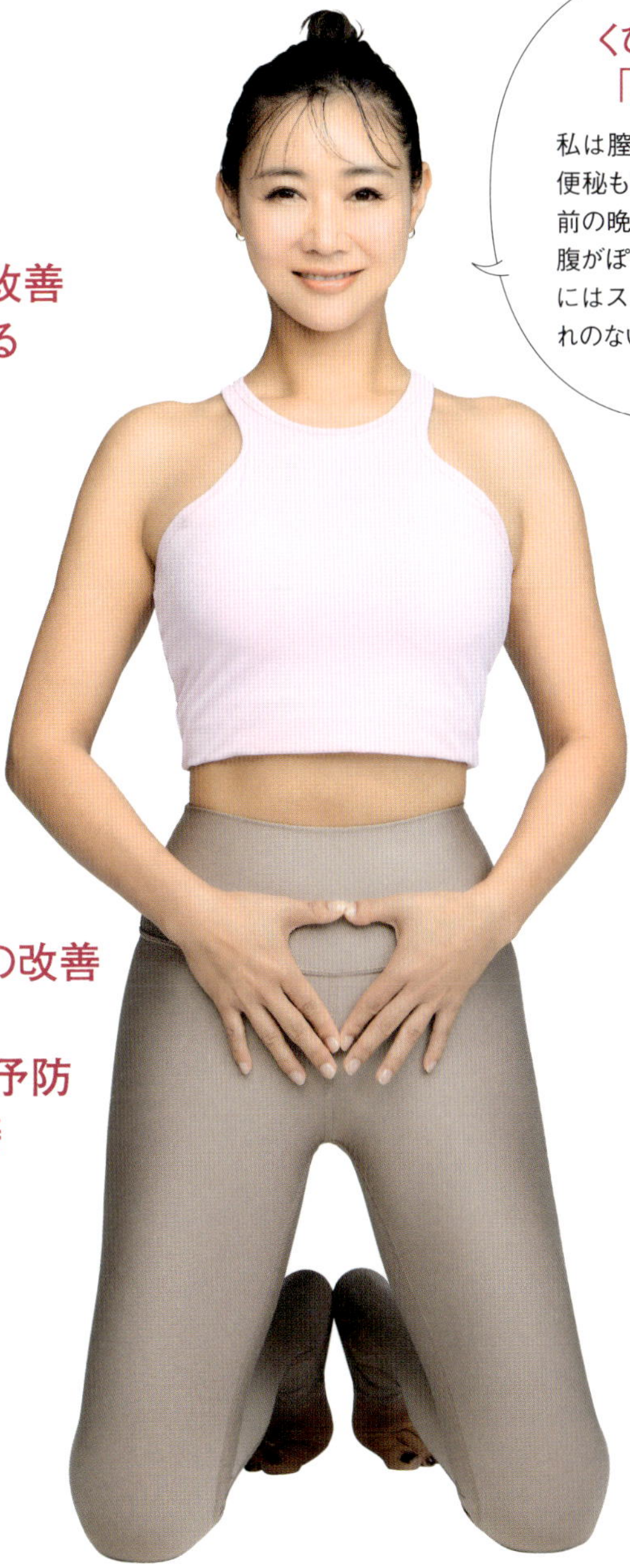

美容効果

下腹ぽっこりを改善
くびれができる

くびれたいなら
「膣呼吸」！

私は膣呼吸で、ガンコな便秘も完全に治りました。前の晩にたくさん食べてお腹がぽっこりしても、翌朝にはスルスル快便！くびれのない朝はありません

健康効果

尿漏れや湯漏れの改善
便秘改善
骨盤臓器脱※の予防
性交痛改善

※子宮、膀胱、直腸など骨盤内の臓器が外へ出てしまう状態。高齢になるほどリスクが高いとされる

ほぐし

硬くなった骨盤底筋をほぐして動かしやすくする

骨盤底筋ほぐし

STEP 1

骨盤底筋
（股の部分）に
タオルのボールが
当たるように
椅子に座る

Standby

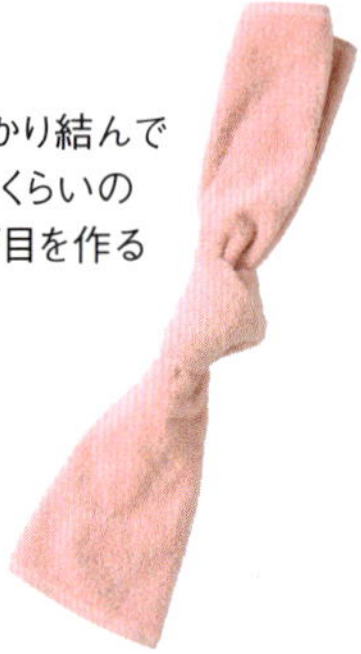

タオルはしっかり結んで
テニスボールくらいの
大きさの結び目を作る

骨盤を立てる

脚は腰幅に開く

STEP 2

息を吸いながら骨盤を前傾させ、息を吐きながら骨盤を後傾させる

回数

10回

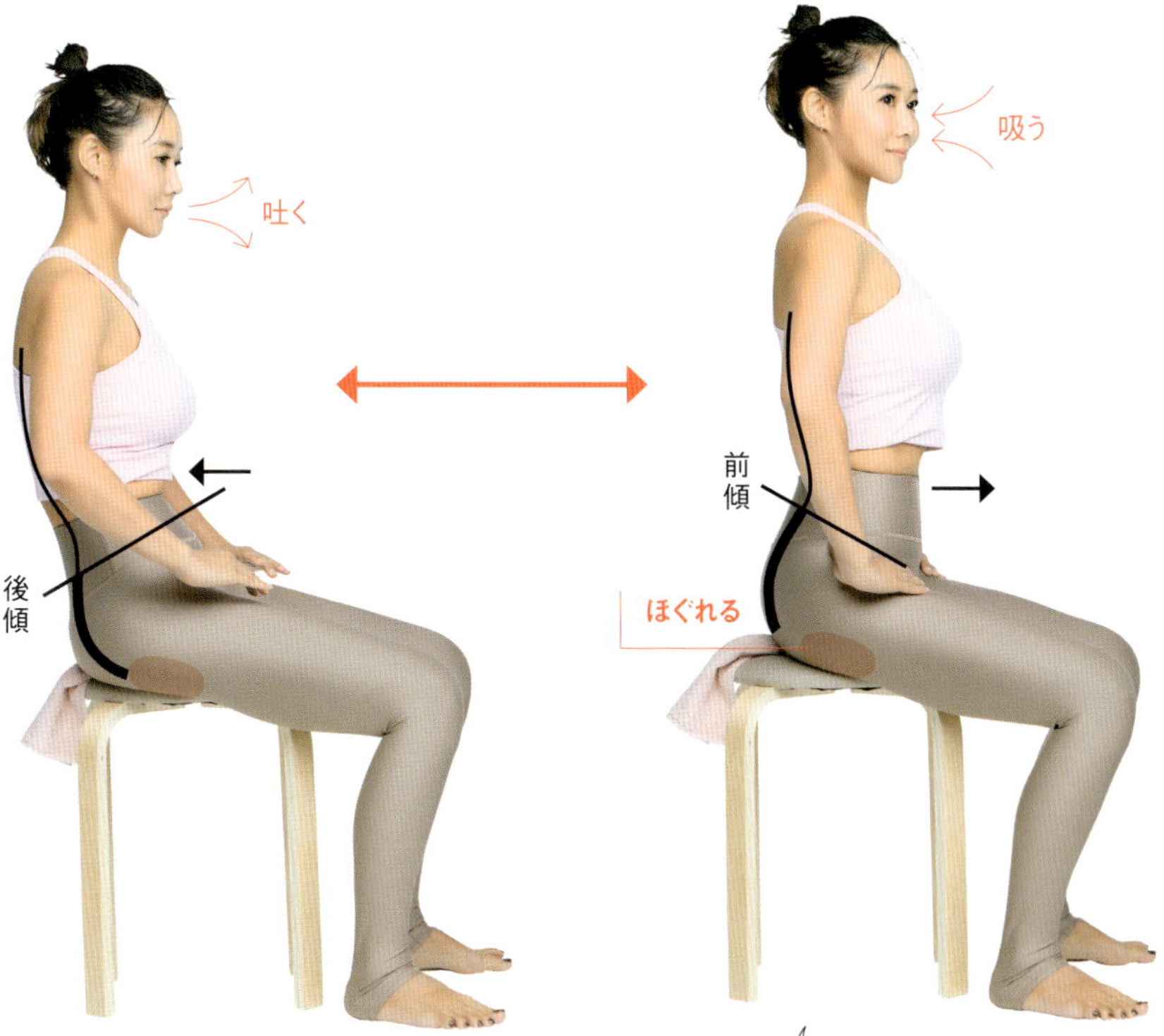

骨盤底筋を実感しにくい人は、
骨盤底筋が硬くなりすぎているのかも？
わからなくても続けていると
ちゃんとほぐれてきます

トレーニング

骨盤底筋を動かして弾力を取り戻す

仰向け膣呼吸

STEP 1

仰向けになり、ひざを軽く曲げて内ももにローラーを挟む。両腕を天井に向けて伸ばし、鼻から息を5秒で吸う

吸った息で
お腹の横と腰を
膨らませる
5秒で
吸う
腰は床につける

難易度ダウン

バンザイの状態で膣を引き上げることが難しい人は、STEP1の腕を天井に上げた姿勢のままで行ってもOK。

POINT

息を吐いたとき
こんなふうにお腹が薄くなっていたらOK！

インナーマッスルの一つ、腹横筋を使えるのでくびれにも効果大！

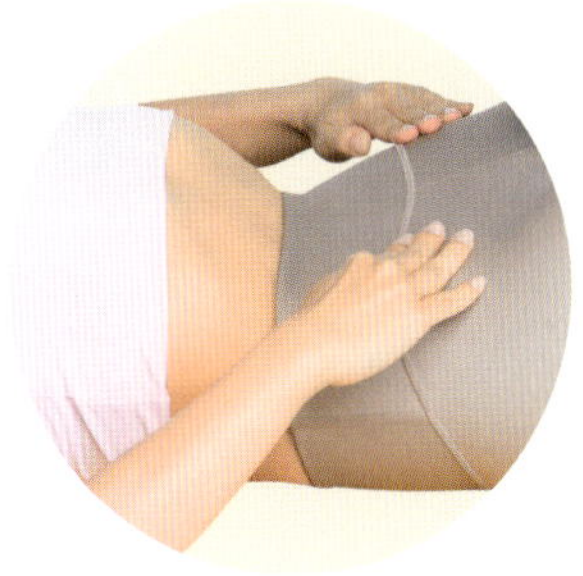

STEP 2

バンザイをして息を10秒で吐きながら膣を引き上げる

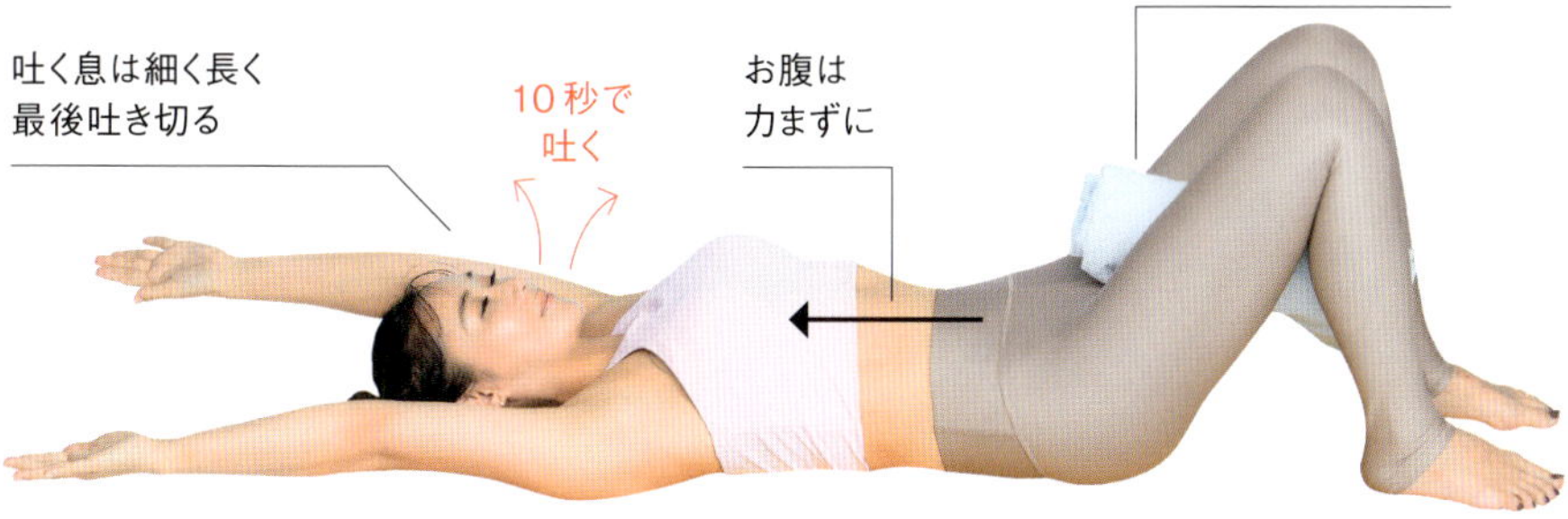

内ももでローラーを締め続ける
吐く息は細く長く最後吐き切る
10秒で吐く
お腹は力まずに
吐く息とともに膣をお腹に向かって引き上げるイメージで

回数

5~10回

PLUS

両手にペットボトルを持って、同じ動きをやってみよう！

ペットボトルの重さ分の負荷がかかって、より膣を引き上げる力が必要になります。

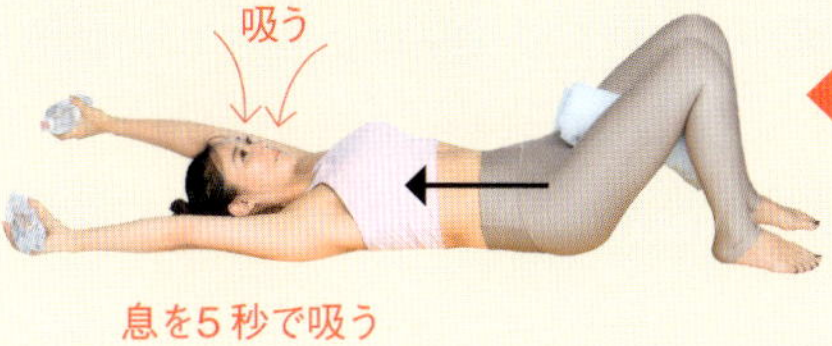

吸う

息を5秒で吸う

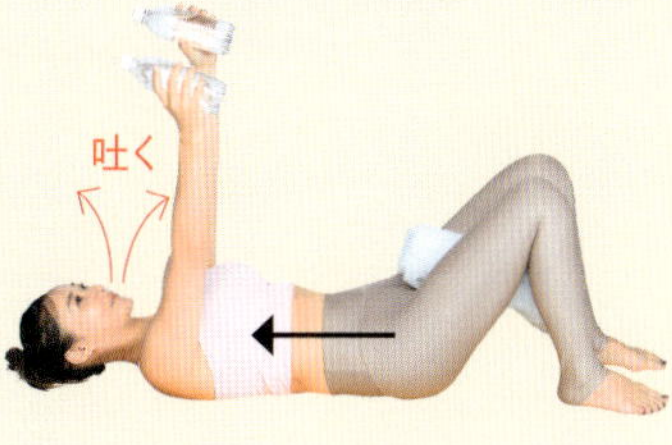

吐く

息を10秒で吐きながら膣を引き上げる

Yumi Core

メリハリボディ
エクササイズ
4

骨盤

骨盤を締めて、上向きヒップをつくる！

骨盤は、背骨と共に人間の体の中心を支える骨です。普段の立ち方や座り方の姿勢が悪かったり、脚を組むクセなどがあったりすると、骨盤はゆがんでしまいます。お尻が横に広がって垂れていたり、下腹がぽっこり出ていたりするのはその証拠。

まずは**骨盤の奥の筋肉をほぐして整え、骨盤をしっかり締めましょう**。すると、背骨を支えるインナーマッスルが働いて正しい姿勢をキープしやすくなり、上向きのヒップや女性らしいS字カーブが手に入ります。

それから、普段の姿勢を意識することも大切！ 骨盤は、地面に対して垂直にまっすぐ立っているのが正しい状態です。前傾して反り腰になっている、後傾してお腹が出ているといった姿勢になっていないか、ときどき鏡を見てチェックしてみましょう。

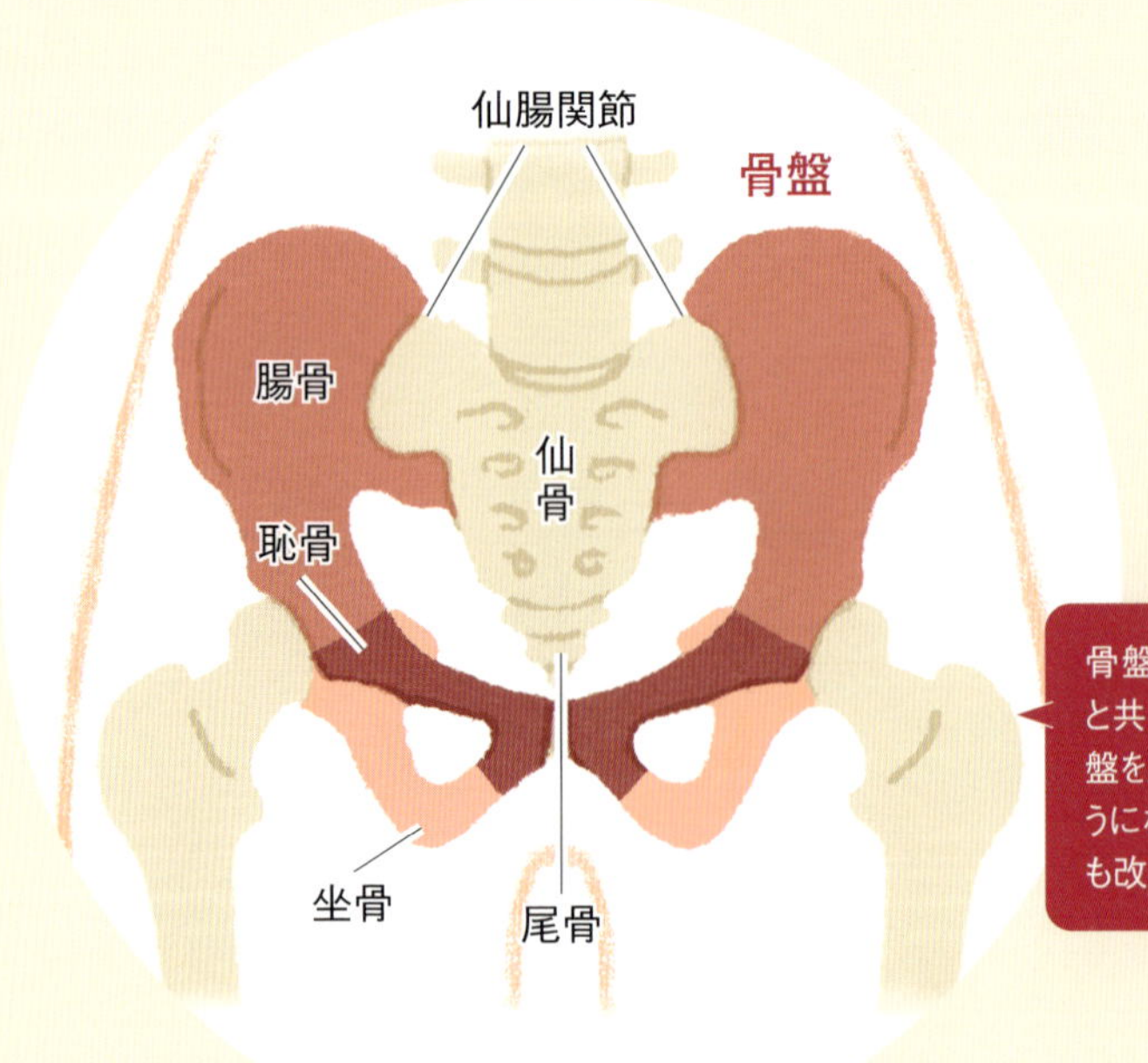

骨盤は上につながる背骨と共に、体の軸です。骨盤を立てた姿勢を保てるようになると腰痛などの不調も改善します

Changing Body

骨盤エクササイズのうれしい効果

お尻は締めない。
骨盤を締める！

たるんだお尻が嫌で、お尻を力ませていない？　実は、力を入れるほどお尻は下に引っ張られ、骨盤は開き、ピーマン尻に。桃尻になるには、仙骨まわりをほぐして骨盤を締めることが大事です！

美容効果

くびれ
ペタンコ下腹
脚長効果
ピーマン尻から
桃尻へ

健康効果

腰痛改善
内臓機能アップ
便秘解消
月経痛・PMSの改善

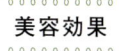

ほぐし

骨盤

骨盤の深層部にある尾骨筋をほぐして、骨盤を立てる

尾骨筋ほぐし

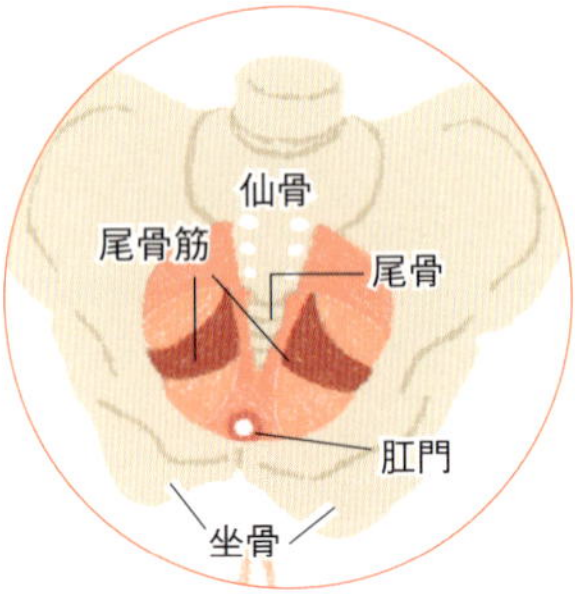

仙骨
尾骨筋
尾骨
肛門
坐骨

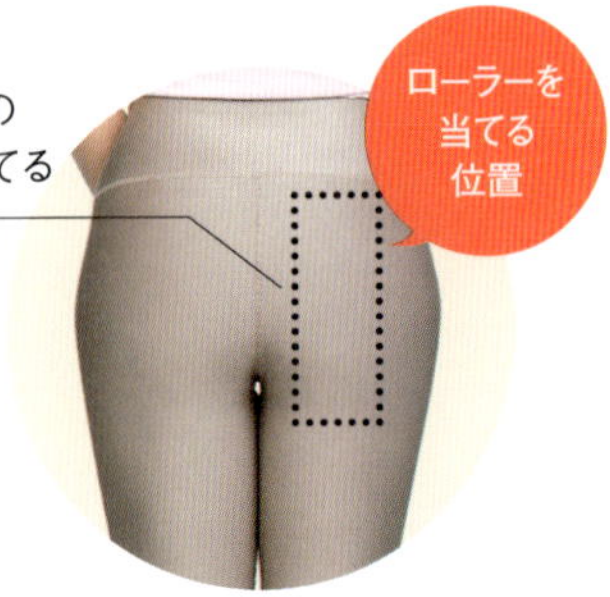

お尻の割れ目の横に当てる
ローラーを当てる位置

STEP 1

ローラーの上にのるように片ひざを立てて座り、息を吸い、息を吐きながら、脚を開く。ほぐれるまで繰り返す

吐く
脚の動きにつられて、上半身をねじらない
脚は開ける範囲で。ローラーが当たっている部分がほぐれたらOK

吸う
お尻の割れ目の横で座る

STEP 2

ローラーの上にすねを外側に向けて座り片方の尾骨筋の上にのる。息を吸いながら骨盤を前傾させ、息を吐きながら後傾させる。反対側も行う

回数
左右
各10回

頭の高さが変わらないようにする

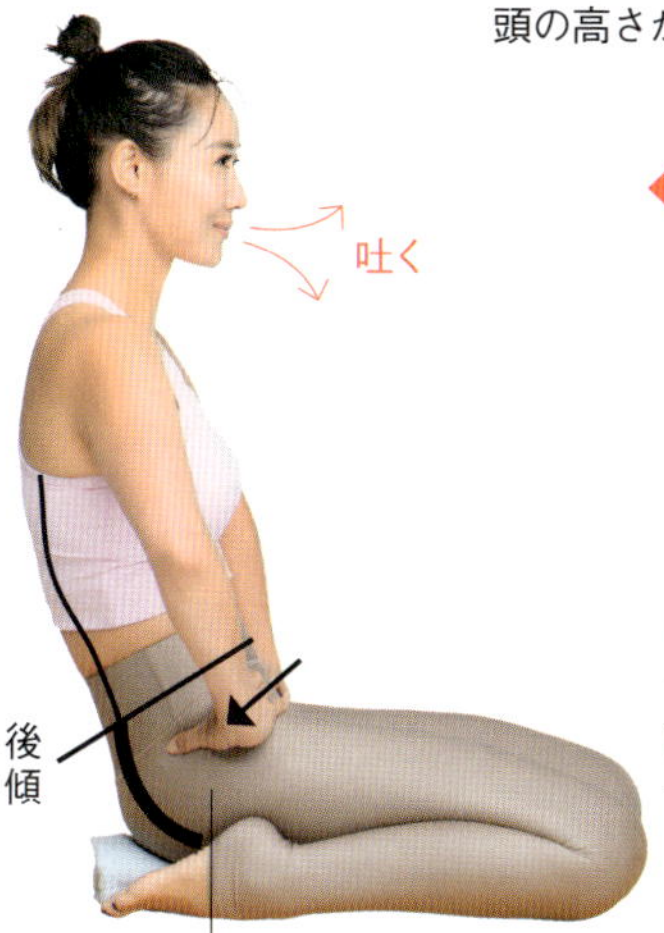
吐く
後傾
ちゃんとできていると、
少し坐骨が股のほうに寄り、
下腹に力が入る

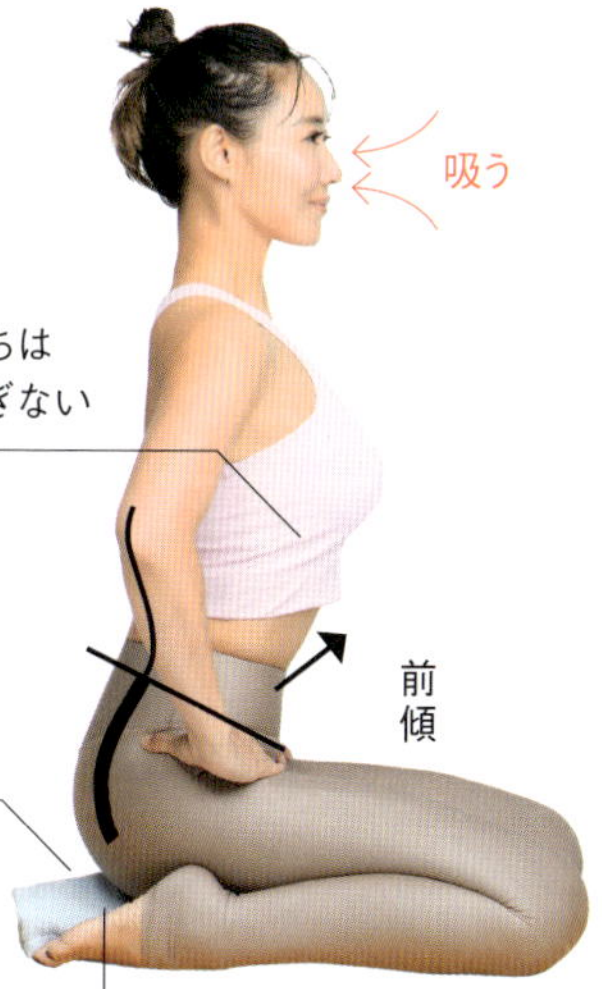
吸う
みぞおちは
反りすぎない
骨盤を前傾したときに、
少し坐骨がローラーから
離れる感覚があると○
前傾
片方の尾骨筋の上に座る

\ NG! /

坐骨の後ろにのらない

常に骨盤が開きがちになる。

CHECK

骨盤を立てて座ってる?

尾骨筋がほぐされると、坐骨を床にグサッと差すように、骨盤を立てて座れるようになります。これが座っているときの正しい姿勢です。

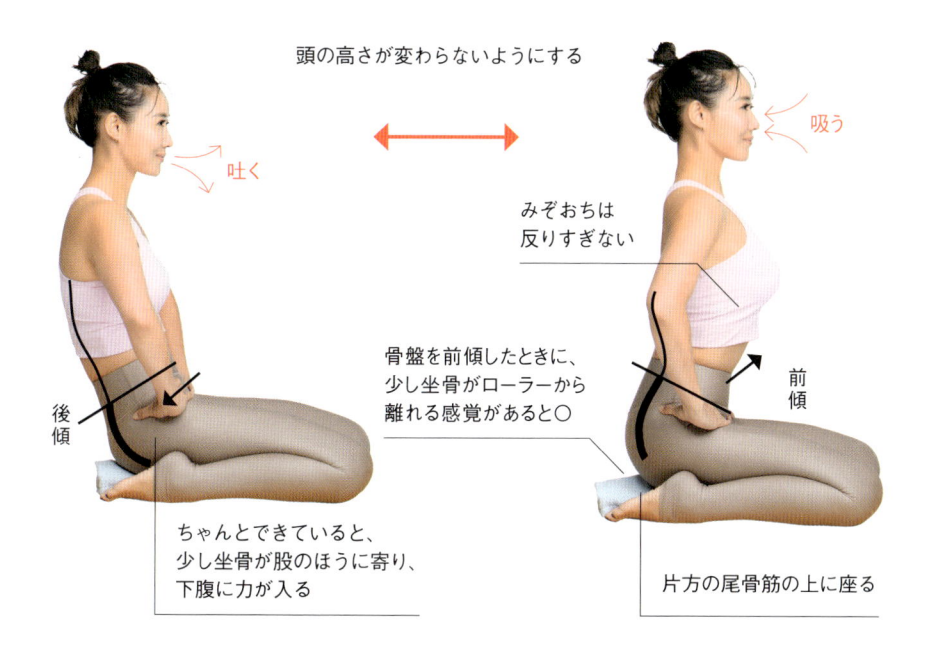

トレーニング

骨盤

仙腸関節を動かして骨盤を締めやすくする

骨盤調整エクササイズ

STEP 1

両手を枕にしてうつ伏せになる。
脚は肩幅程度に開き、ひざを軽く曲げる。
息を吸って吐きながら脚のつけ根から右にねじるように倒す

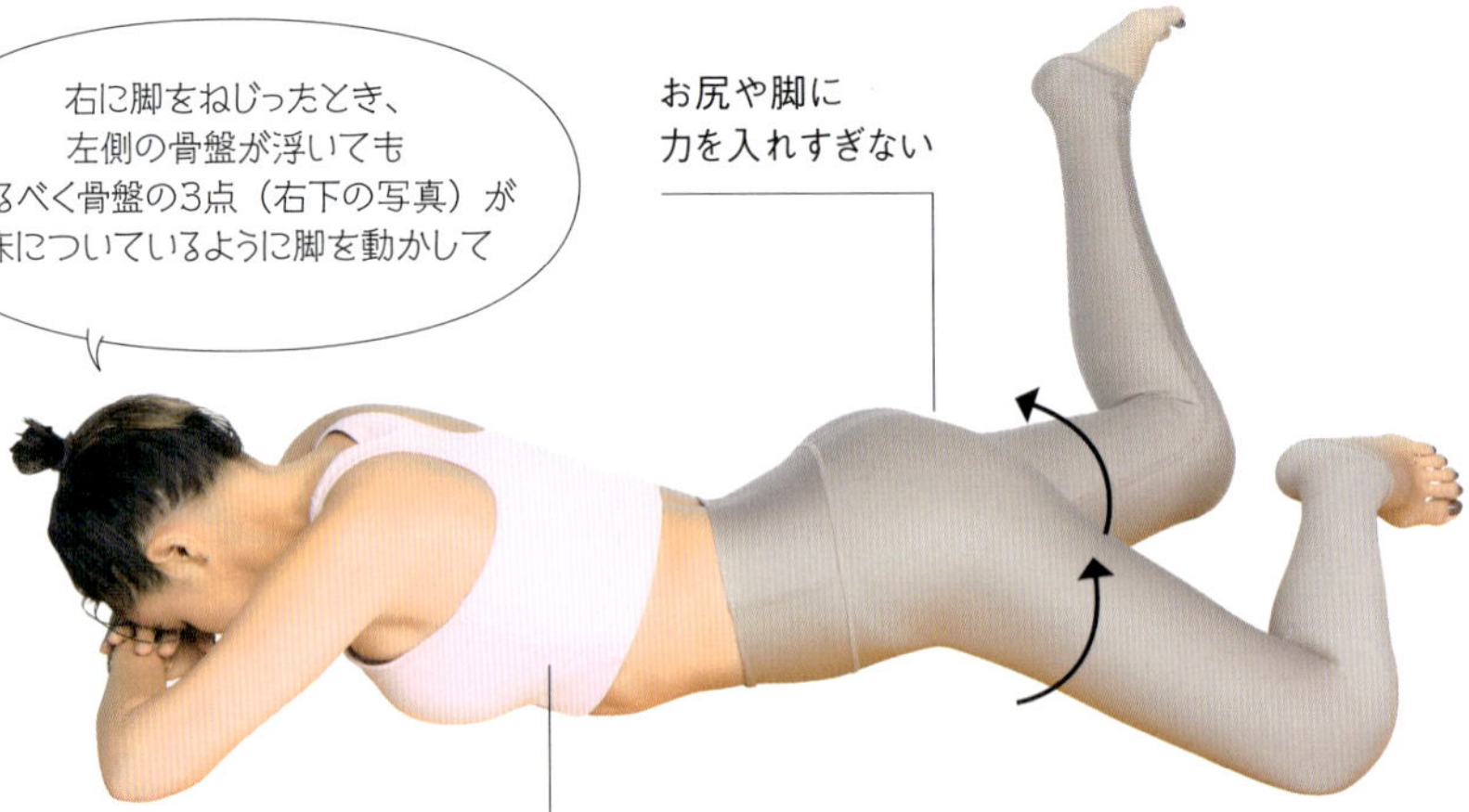
右に脚をねじったとき、
左側の骨盤が浮いても
なるべく骨盤の3点（右下の写真）が
床についているように脚を動かして
お尻や脚に
力を入れすぎない
肋骨は浮かせない

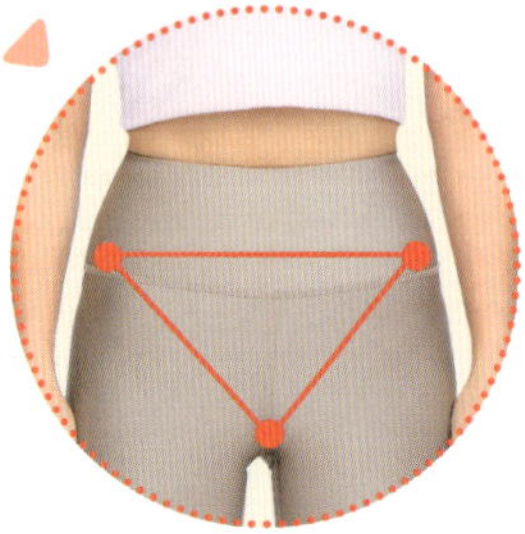

POINT

仙腸関節を動きやすくしてヒップアップ

仙腸関節は、骨盤の骨の一つである仙骨と腸骨の間にある関節です。ここがゆがんだまま固まっている人が多く、骨盤が締まりにくかったり、お尻が衰えたりするほか、姿勢の崩れや、ぽっこりお腹の原因にも。

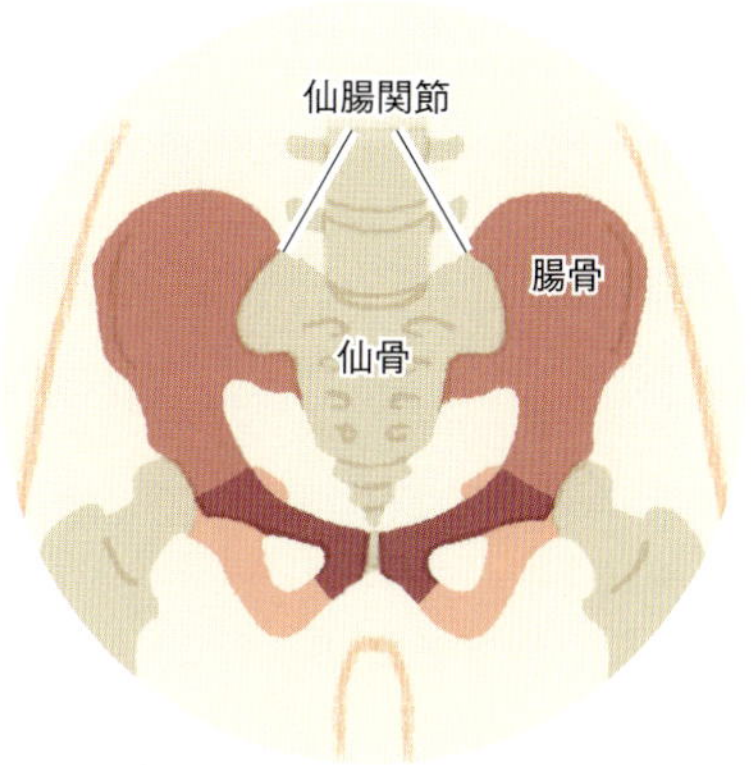

STEP 2

息を吸って脚をセンターに戻し、吐きながら脚のつけ根から左にねじるように倒す

特に仙骨辺りが収縮する感覚が出てきたらOK

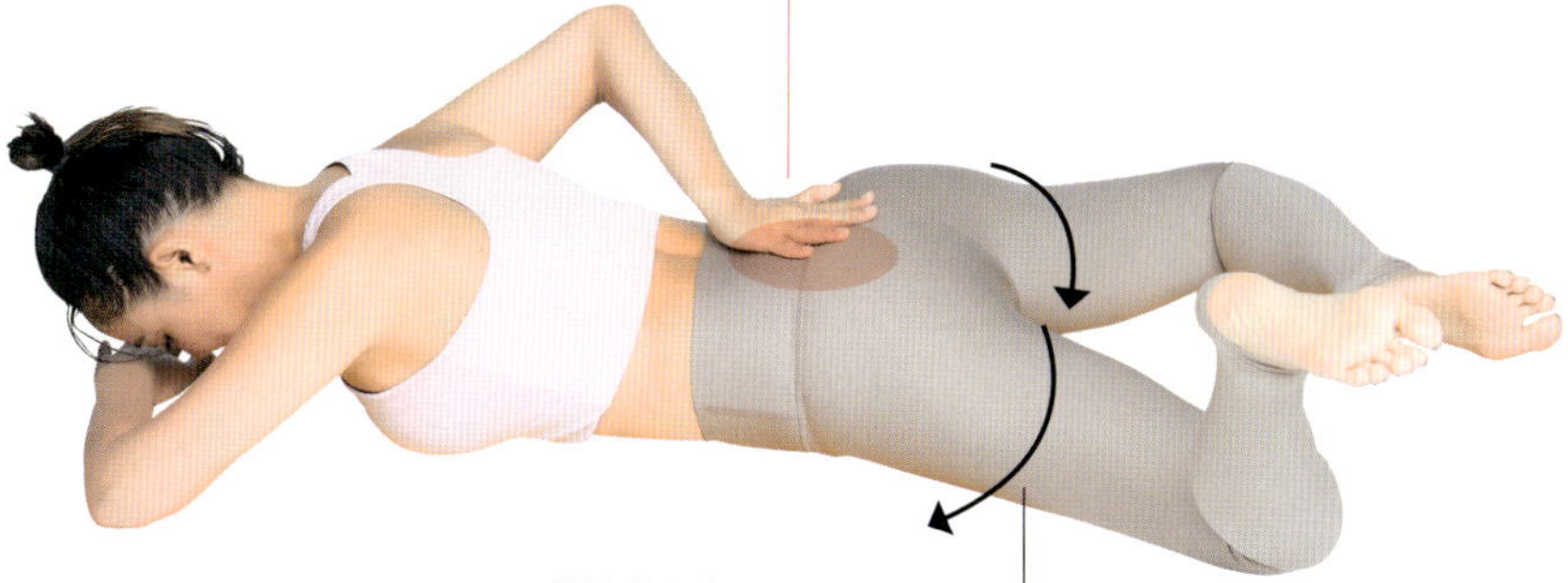

脚を大きく
倒すのではなく、
脚のつけ根をねじる意識で

回数

往復
10回

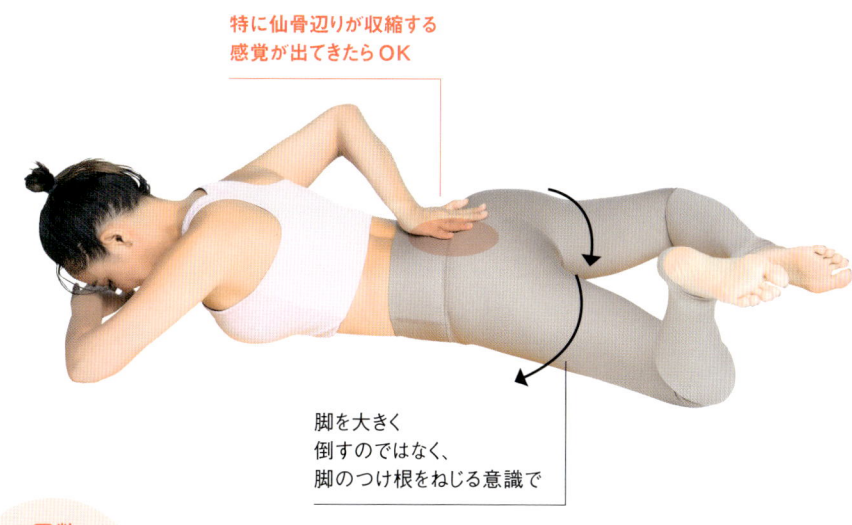

Yumi Core

股関節を正しくはめてすらり下半身美人に

メリハリボディ
エクササイズ
5

股関節

股関節は、下半身の美しさに最も影響する部位。骨盤のくぼみに太ももの骨の頭（大腿骨頭）が正しくはまっていることが、美脚・美尻の最大の条件です。

ところが、女性は股関節のくぼみが浅い人が多く、もともとずれやすいという特徴があります。靴底のすり減り方に偏りがある人は、ずれている可能性大！　股関節がきちんとはまっていないと、垂れ尻、太ももの前や横がパンパンに張って太く見える、脚がむくむといった悩みにつながってしまいます。

下半身が気になる人は、まず硬くさびついた**股関節のまわりを丁寧にほぐしてゆるめ、太ももの骨を正しくはめ直す**ことから始めましょう。すると、お尻の奥のインナーマッスルが働いてヒップが上がり、脚の悩みもスッキリ解消されますよ！

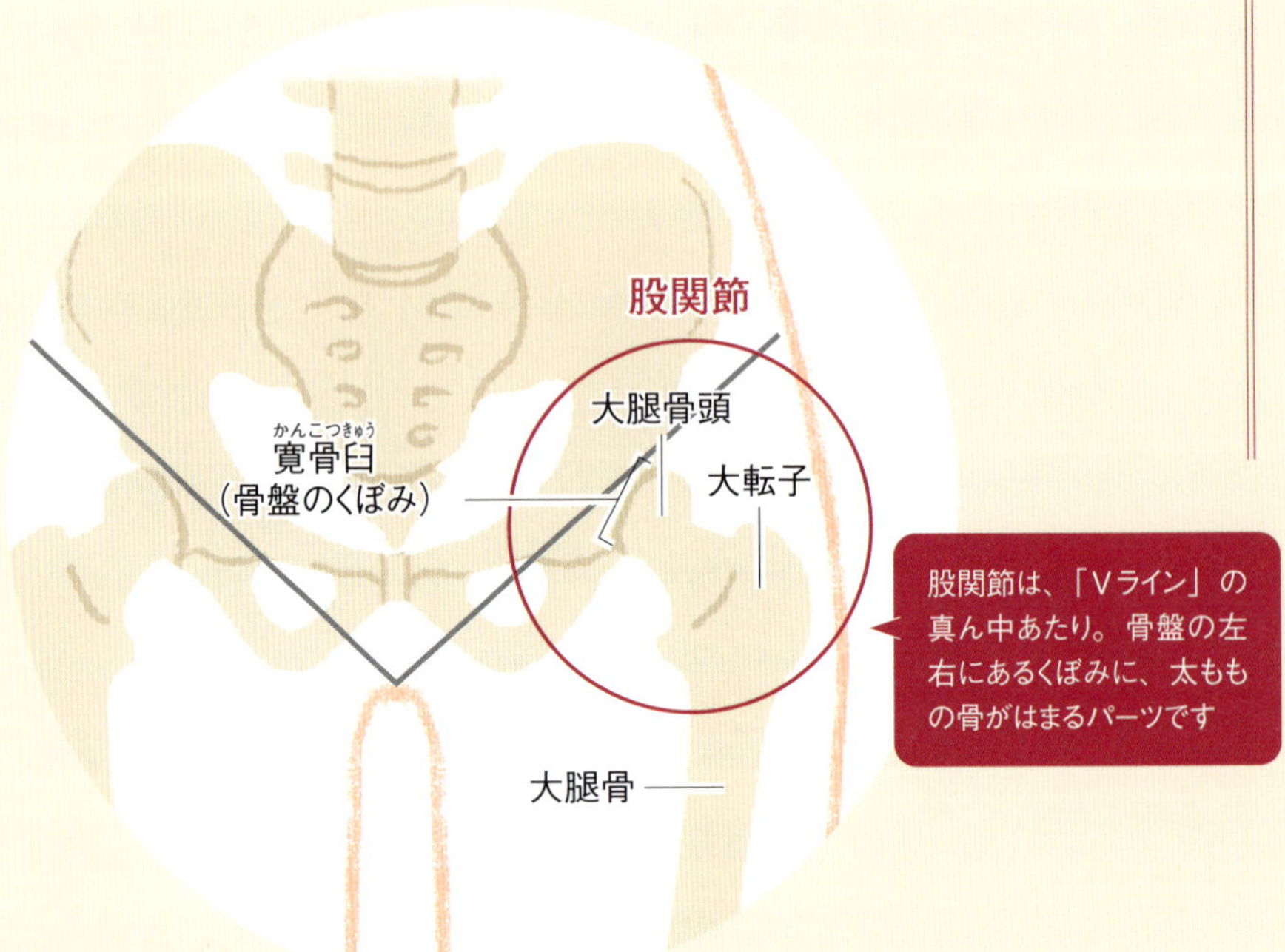
股関節
大腿骨頭
大転子
寛骨臼《かんこつきゅう》
（骨盤のくぼみ）
大腿骨
股関節は、「Vライン」の真ん中あたり。骨盤の左右にあるくぼみに、太ももの骨がはまるパーツです

Changing Body

股関節エクササイズのうれしい効果

下半身太りには、
股関節のはめ直し！

いつも下半身太りを隠す「ゆるコーデ」をしていた50代の生徒さん。股関節を正しい位置にはめて歩くことを続けていたら、太ももスッキリ、横広がりのお尻は丸く上に上がって、下半身が激変！　今、スキニーパンツで教室に通ってくれてます！

健康効果

むくみ改善
血流アップ

美容効果

ヒップアップ
脚長効果
脚が細くなる

股関節

ほぐし

股関節の動きをよくする

裏ももほぐし

STEP 1

**ローラーが坐骨の
前にくるように、
坐骨を立てて片脚を伸ばして座る。
息を吸いながら、
伸ばしている脚のつけ根に
手をグサッと差し込み、
息を吐きながら上半身を前に倒す。
反対側も行う**

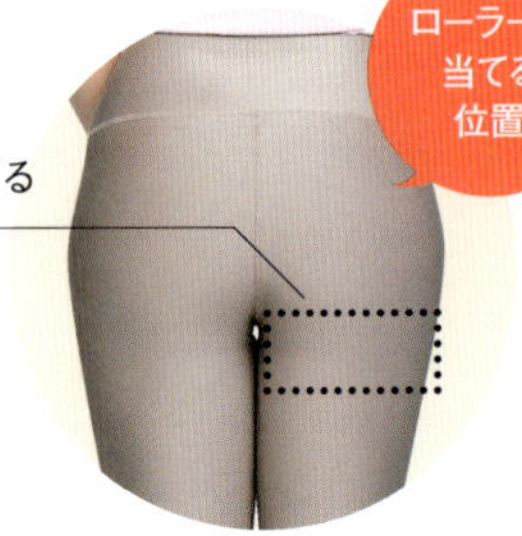
坐骨の
前辺りに当てる
ローラーを
当てる
位置

吸う
ひざは伸ばせる
範囲でOK

背中・お尻は
丸めない
吐く
つま先は
天井に向ける
坐骨を後ろに
突き出す
ここが伸びる
かかとを
床に引っかける

回数

左右
各10回

STEP 2

裏ももの伸びを感じたまま脚のつけ根を内回し・外回しする。反対側も行う

背中は丸まらないように

回数
左右各10回

\ NG! /

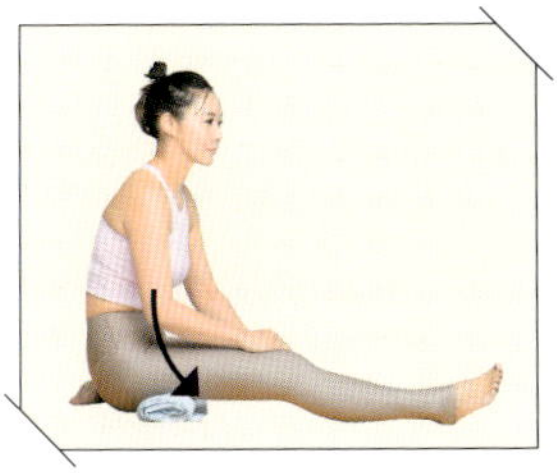

背中を丸めた姿勢で行わない

背中が丸まっていると、太ももや股関節の外側への負担が大きくなり、裏ももに正しく効かない。

股関節

トレーニング

股関節に大腿骨頭をしっかりはめ込む

股関節はめ込み

STEP 1

**ひざ幅広めの四つ這い姿勢から
片脚を開く**

足裏は
しっかり床につける

腰を反らさない

横から見たところ

腕は肩からほぼ垂直に

ひざのラインの上に足がくるように

STEP 2

伸ばしている脚のつけ根に
手を差し込み、息を吸い、
息を吐きながら、
お尻を後ろに引く。
息を吸いながら元に戻す

吸う

背中を反らさない
お尻を真後ろに突き出すように
内ももにストレッチ感。
お尻も伸びればさらにGOOD！
吐く
パンツの線の辺りに手を
グサッと差し込むように入れる

前から見たところ

お尻を突き出すときに中心軸から
外れたり、座り込んだりしない

回数

左右
各10回

Chapter 3

見た目がもっと変わる!

お悩み克服！
プラスエクササイズ

猫背、垂れた胸、何をやっても太い脚、細くならない二の腕……。
もう直らないと諦めていませんか？　ユミコアなら骨からアプローチして、
どこの部位でも本来あるべき形に整えていくことができます。
コンプレックスボディとさよならしましょう！

Let's YumiCore!

体型の4大「お悩み」を解決して、さらにメリハリボディに！

ユミコアのおそろボディをさらに極めたい人のために、４つのプラスエクササイズをご紹介します。プラスして行うのは、特に体の変化を感じられる「姿勢」「バスト」「くびれ」「膣」の４つです。

姿勢と膣はメリハリボディのベースですが、正直なところ、改善するにはやや時間がかかります。体が硬くて胸椎のエクササイズがうまくできない人、膣呼吸が難しいと感じる人は、こちらのエクササイズにトライしてみましょう。

そしてバストとくびれは、女性らしい曲線美をつくる重要なパーツです。強化することでさらにメリハリ度が増し、ユミコアのおそろボディに近づきます。

これらも「ほぐし」と「トレーニング」がセットになっていますが、どちらかだけを行ってもＯＫ。ボディに変化を起こす近道になりますよ！

4大お悩みにアプローチ

お悩み

1 猫背

ユミコアでは姿勢改善をしつこいぐらいお伝えしますが、胸椎や肩甲骨まわりは固まりやすく、すぐに元の猫背に戻ってしまう人や、そもそも動かせない人が多い部位。でも、肩甲骨と連動して動く鎖骨なら自分で触りやすいですよね。そこを常にほぐしておくだけでも違います！

お悩み

2 バストの崩れ

垂れる、削げる、離れる、左右差、ボリュームと、バストの悩みは人それぞれ。いずれも、まずは胸や肩甲骨まわりをほぐし、胸を開いて血流をよくすることが大事です。干し柿おっぱいから、肉まんおっぱいにする栄養をバストに届けましょう！

お悩み

3 くびれがない

くびれとは、バストとヒップの間のウエストが締まり、前から見たときに曲線を描いている状態です。肋骨と骨盤の距離をあけることと、重力に負けてつぶれた肋骨を元の高い位置に戻して、肋骨を閉じること。この2つは超重要！　固まっているお腹の筋肉や肋骨をしっかり動かしていきましょう。

お悩み

4 膣のゆるみ

62ページの膣エクササイズで、膣を引き上げる感覚がつかみにくかった人は、裏ももがこり固まっているかも。裏ももが硬すぎるとお尻が下に引っ張られ、骨盤底筋を引き上げにくいので、ほぐしておくことが大事です。また、膣はギュッとではなく、スーッと引き上げるのがポイント！

お悩み 1

猫背

頑固な猫背で、胸椎のエクササイズを行うのが難しい人はこちらにトライ！　鎖骨まわりをほぐしてから、胸椎上部に柔軟性を取り戻すトレーニングで、胸を開きやすくしていきます。

ほぐし

鎖骨ほぐし

効果：胸の前の筋膜や筋肉の癒着をとって、胸を開きやすくし、離れた肩甲骨を元の位置に戻す。

STEP 1

腕を横に伸ばし、手のひらを上にする。反対の手のこぶしで鎖骨のまわりをほぐす

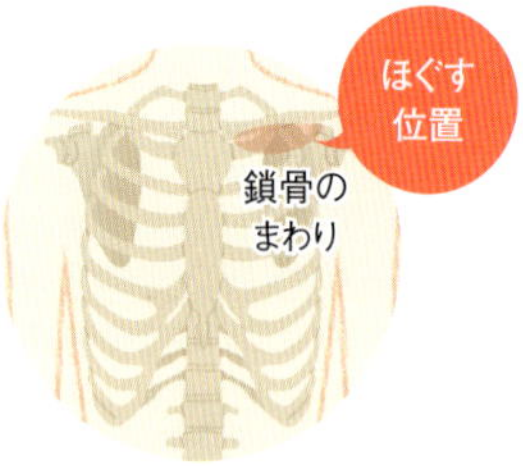

肩から腕を回すことで胸が開きやすくなり、巻き肩の改善にも

回数

左右 各5～10回

STEP 2

伸ばした腕を鎖骨で大きく円を描くように回しながらほぐす。反対側も行う

トレーニング

椅子を使ったキャットストレッチ

効果：胸椎が硬い人でも簡単にできるストレッチ。胸が開いて持ち上がり、背骨のゆがみが整う。

正座して、椅子の座面に両腕をのせる。息を吸い、ゆっくり吐きながら背骨の上部を反らせる

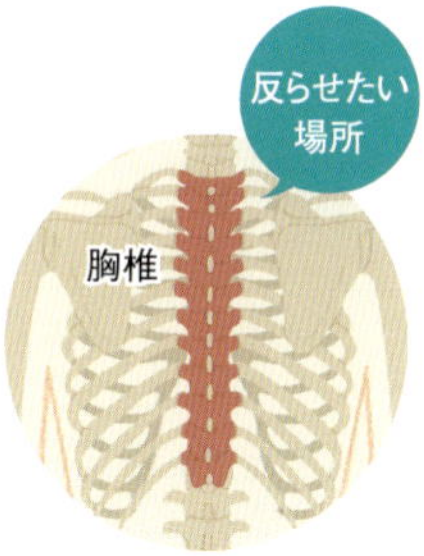

反らせたい場所
胸椎

背骨上部を反らす
鎖骨、谷間の上を前に押し出す
吐く
腕を座面に引っかけるように固定
お尻とかかとをしっかりつける

POINT

腰に負荷をかけると傷める原因に。あくまで背骨の上部だけを反らせる意識で。

正座の脚は少し開いても OK。背中の上部に効きめを感じるほうを選んで。腰にくるのはNG！

回数

5回

難易度UP!

腕を曲げて行うと背骨上部への負荷がアップします！

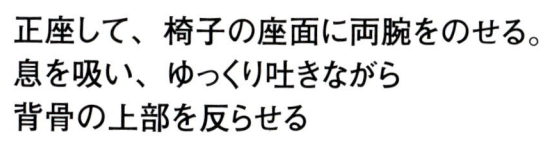

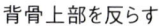

お悩み

2

バストの崩れ

ふっくらバストを取り戻すには、バストまわりの血行不良を改善してバストに栄養を届けることが大切。肩甲骨まわりを柔軟にしてよい姿勢をつくることがベースになります。

ほぐし

小胸筋ストレッチ

効果：小胸筋には天然のブラのようにバストを支える役割が。小胸筋の縮みやコリをほぐすことで、胸が開き、バストの位置が上がる。

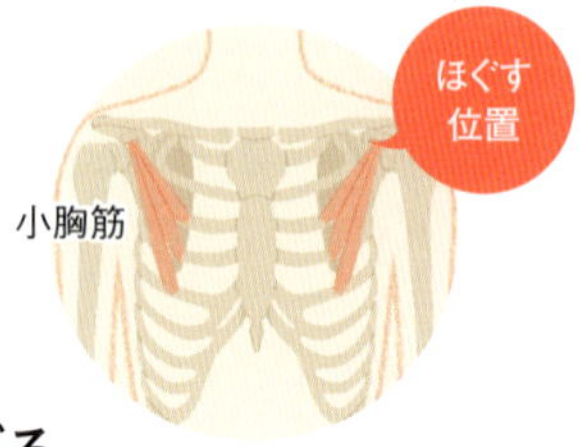

STEP 1

**右肩が下になるように
横向きに寝て、脚は軽く曲げる。
右肩の横に右ひじを90度くらいに
置き、左手は床に置く**

ひじを曲げて、
右の肩甲骨を背骨に寄せる

右胸のデコルテに
開きを感じて

ひざは軽く曲げて
左右のかかとをつける

STEP 2

息を吸って、
吐きながら左手で床を押し、体をひねる。
息を吸いながら戻る。反対側も行う

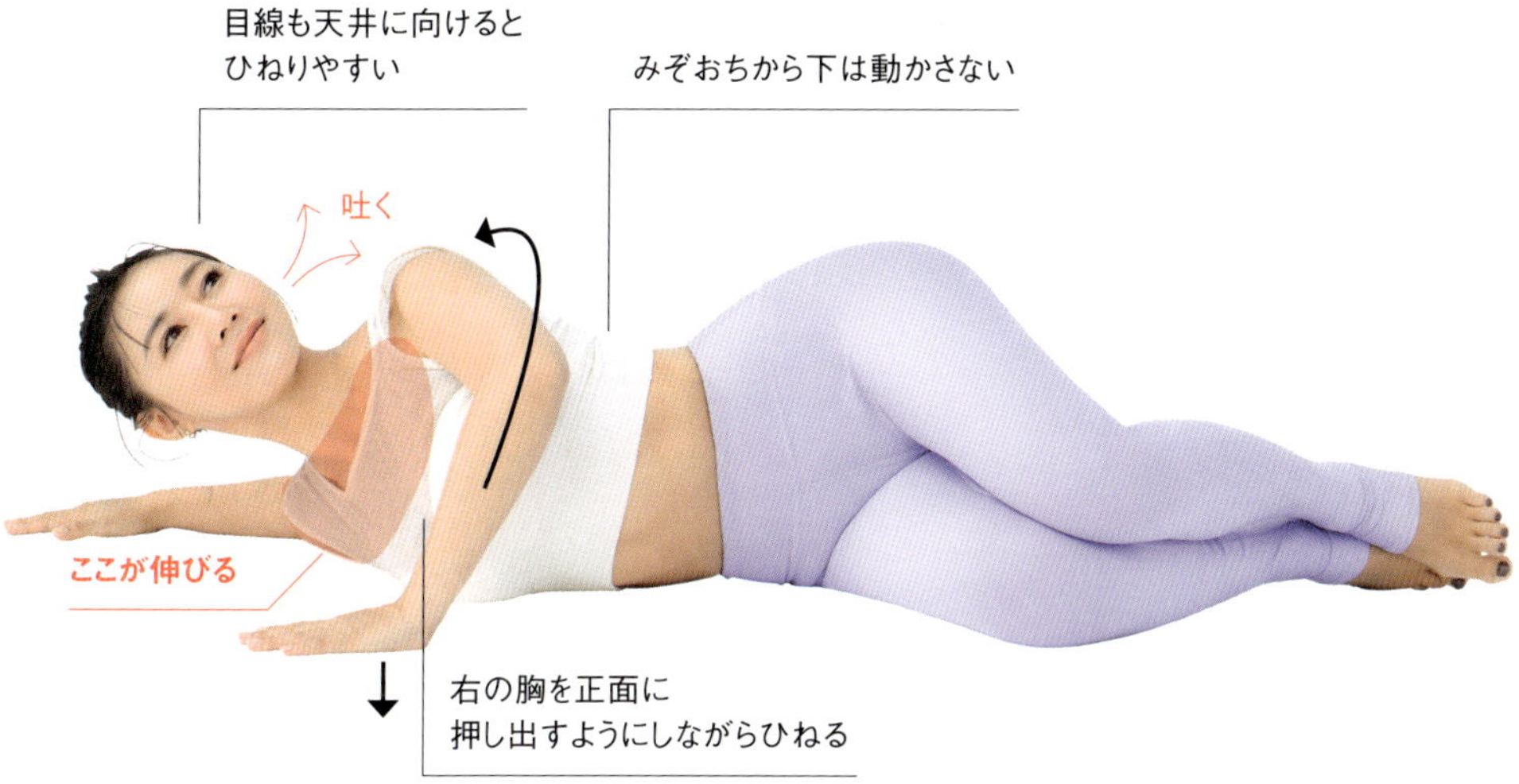
目線も天井に向けると
ひねりやすい
みぞおちから下は動かさない
吐く
ここが伸びる
右の胸を正面に
押し出すようにしながらひねる

回数

左右
各10回

トレーニング

肩甲骨タオルトレーニング

効果：肩甲骨の可動域をトレーニングで広げることで、胸が開いた正しい姿勢になり、バストも上向きに保ちやすくなる。

STEP 1

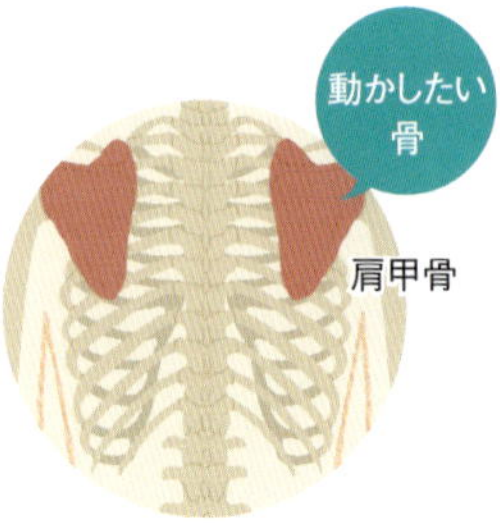

動かしたい骨
肩甲骨

あぐらか正座の姿勢でタオルを肩幅より広く持つ。息を吸ってタオルを左右に引っ張りながらバンザイする

腕は耳より後ろ
吸う
あごは引きすぎない
肩甲骨が持ち上がって背中が引き伸ばされるのを感じて
骨盤を立てる

STEP 2

息を吐きながら、タオルを後ろへ下げる。吸いながらバンザイする動作を繰り返して、肩甲骨まわりの筋肉を動かす

POINT

タオルを後ろへ下げる動きが苦手な人は、長めのタオルを使って持つ手の幅を広めに。反対に、タオルを持つ手の幅を狭くしていくと肩甲骨を寄せる負荷を上げられる。

タオルを下げるほど
肩甲骨が寄る。
下げられる範囲でOK
胸の開き、
伸びを感じて
吐く
最後までタオルは
引っ張り続ける
手首を返してタオルを
引っ張りながら下げると
肩甲骨が中央に寄る

NG!

肩を
すくめない
頭を前に
出さない

姿勢を崩して行うと
効果減!

回数

10回

お悩み

3

くびれがない

くびれを早くつくるには、固まりがちなお腹まわりを柔らかくすること。そして、悪い姿勢でつぶれている肋骨と骨盤の間をあけることが大切です。

ほぐし

お腹ほぐし

効果：お腹のアウターマッスルをほぐしてゆるめると、骨盤と肋骨の間が広がり、くびれやすくなる。さらに内臓の血流がよくなり、呼吸もしやすくなる。

STEP 1

タオルボールで、
お腹の3か所を中心にほぐす

Standby
便秘も解消!!
フェイスタオルを二重に結んでソフトボールくらいの大きさにする
ほぐすのは、みぞおち下、おへその左右
やってみて痛みを強く感じた人は小さい結び目から始めて

STEP 2

**腕を枕にしてうつ伏せになり、
みぞおちの下にボールを入れる。
ひざを軽く曲げて、呼吸をしながら、
ボールでマッサージするように、体を前後左右に揺らす。
ボールの位置をおへその左右に移動させて、
同様に行う**

ひざを曲げることでボールが深く入る

内臓が柔らかくなって
快便も期待できる!

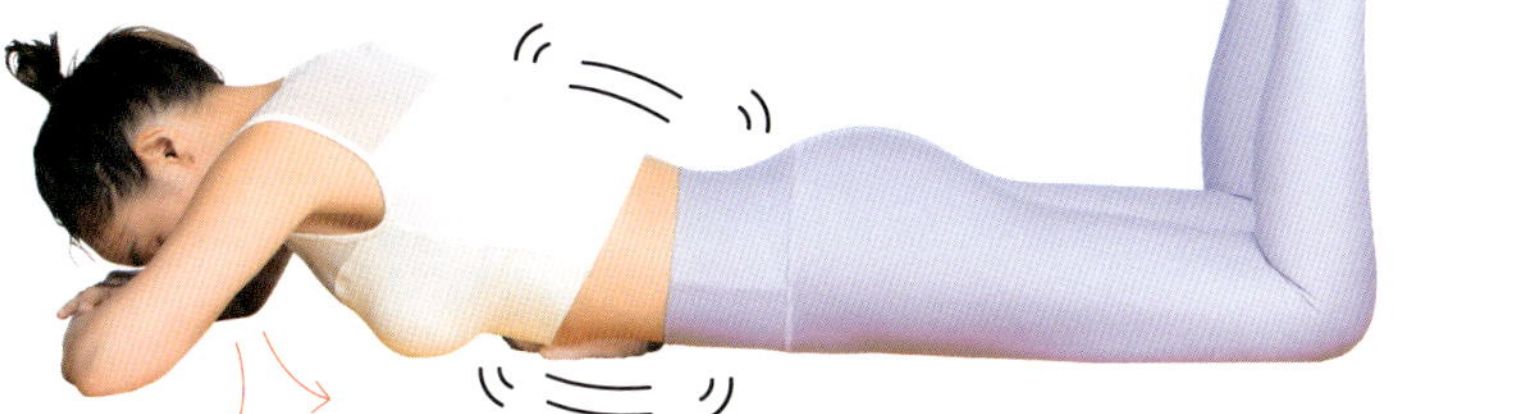

呼吸

お腹をボールに預けて脱力

痛みを強く感じる人は
お腹を少し浮かせたり、
ひざを曲げずに行ってもOK

回数

ボールの位置を変えて
各**5~10**回

パタン

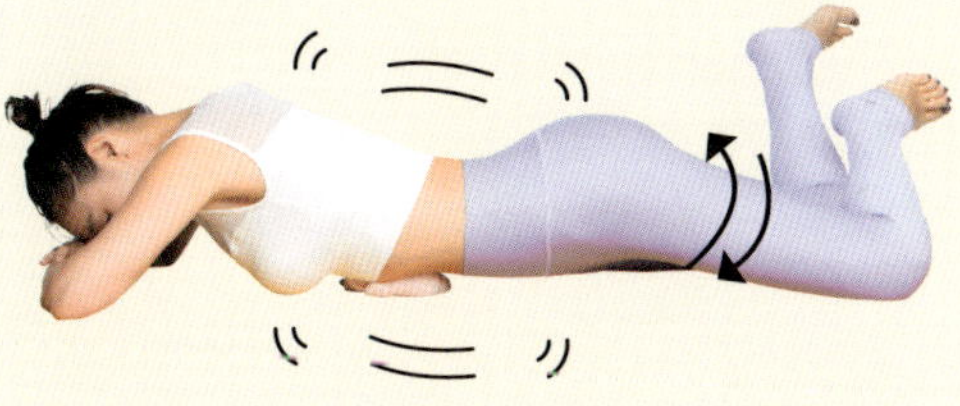

PLUS

**脚をパタンパタンと
左右に倒しながら、
ボールを揺らすと、
さらにほぐせる**

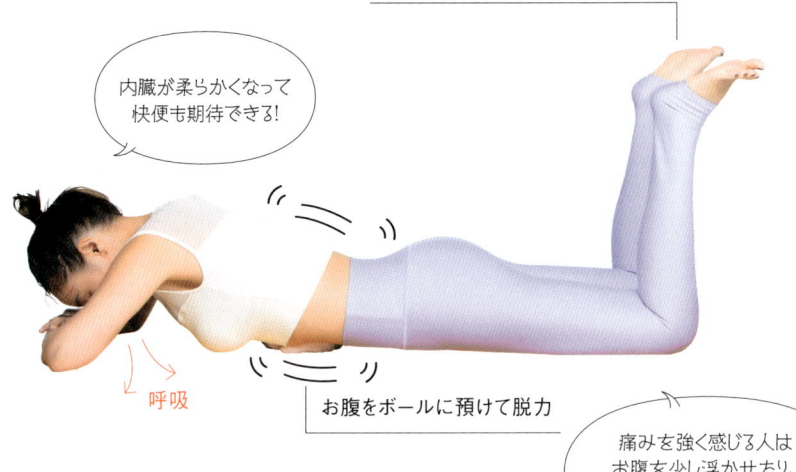

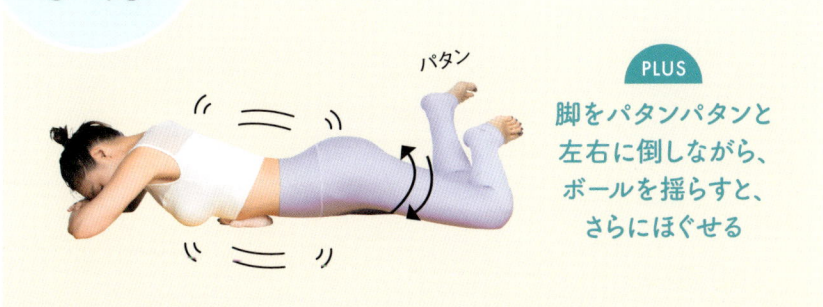

トレーニング

肋骨抱っこ

効果：つぶれた肋骨を起こし、骨盤との距離をあけることで、くびれができる。また、頭が正しい位置に戻り、巻き肩の解消にもなる。

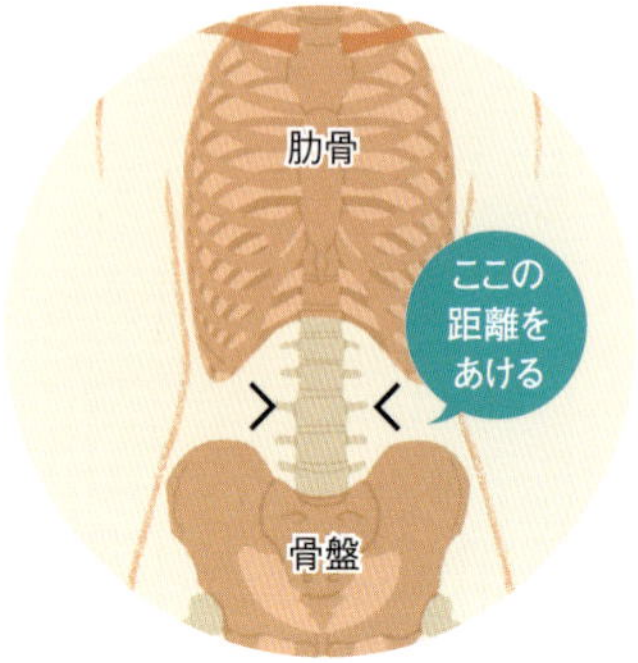
肋骨
ここの
距離を
あける
骨盤

STEP 1

**正座になり、
バンザイして両手で両ひじを持つ。
脇をグッと持ち上げる**

ひじは
後ろに引く
あごは引かない
骨盤を立てる

＼ NG! ／

**反り腰になったり、
肋骨を前に
出したりしない**

STEP 2

**正座からお尻を左に落とす。
息を吸いながら、さらに両ひじを持ち上げる。
同時に目を全開にし、眉も思いっきり上げる。
息を吐きながら元に戻る。
反対側も行う**

POINT

目の下を開くように！

左の脇腹や背中に
伸びを感じて

左側の骨盤と
肋骨の距離が
できてくびれる！

お尻を落としたら、
坐骨の内側にのる
（重心が外に
逃げないように）

回数

左右
各10回

お悩み
4

膣のゆるみ

膣のゆるみに効く骨盤底筋は、引き上げる感覚がつかみにくい筋肉。裏ももをほぐすと動かしやすくなり、感覚がわかってきます。

ほぐし

裏ももタオルストレッチ

効果：裏ももが柔らかくなると、お尻も上がり膣を動かす感覚がつかみやすくなる人も。反り腰の解消にもおすすめ。

仰向けに寝て、片脚にタオルを引っかけ、土踏まず・かかとを、真上に押し上げる。ひざは無理に伸ばそうとせず、押し上げたまま息をしっかり吐き切る。反対側も行う

美脚効果もある！
呼吸
ここに伸びを感じて
腰が床から浮かないように
下腹が締まっていたら最高！

脚を上げにくい人、骨盤が浮いてしまう人は

難易度ダウン

伸ばした脚のひざを立てると脚が上げやすい

回数

左右各呼吸
5~10回

PLUS 脚を倒して内ももにも効かせよう！

呼吸
手でタオルをまとめて持つ
骨盤が浮かないように手で押さえる
脚を外側に無理なく倒せるところでキープ
ここがじわじわと伸びるのを感じて

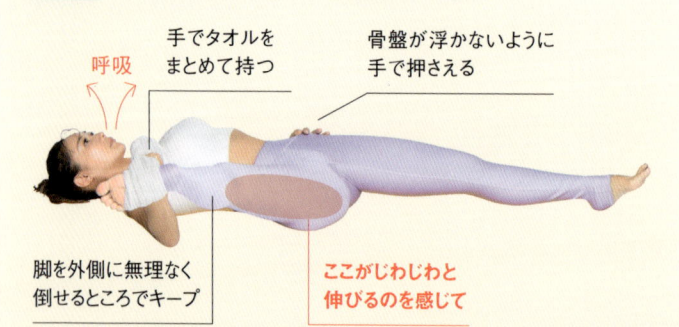

トレーニング

骨盤底筋トレーニング

効果：骨盤底筋が固まっている人は、呼吸で伸び縮みができるようにすると、膣の感覚が蘇り、下腹のインナーマッスルの強化にもなる。

STEP 1

骨盤の下にローラーを置く。
4 秒で息を吸って、
8 秒で細く吐きながら
膣を引き上げる

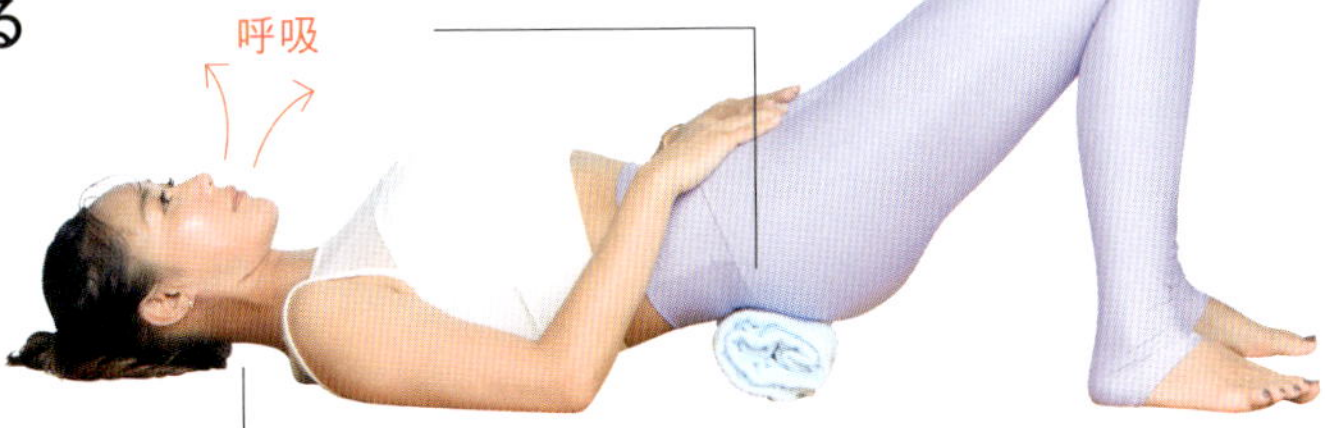
脚は軽く曲げて腰幅に開く
骨盤は少し後ろに
傾けておく
呼吸
首の後ろは
伸ばす

STEP 2

吐き切ったらお尻を少し上げて、
5秒キープ。 元に戻る

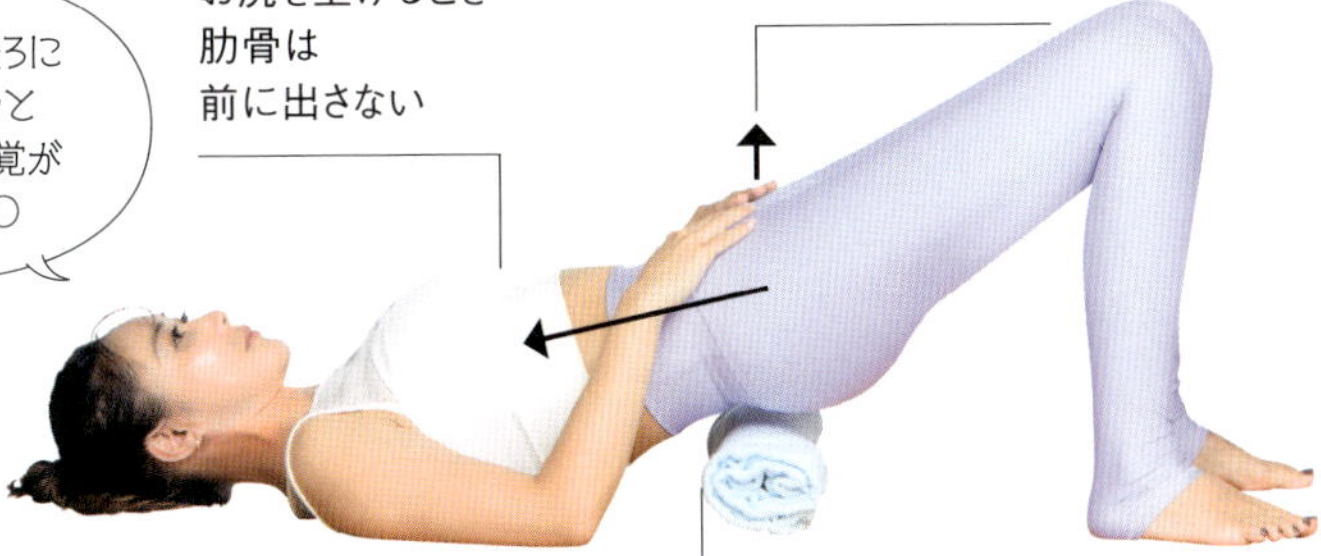
股を天井に
持ち上げるようにして少しお尻を
上げると骨盤底筋が使われる
お尻を上げるとき
肋骨は
前に出さない
みぞおちの後ろに
膣をキューッと
引き上げる感覚が
出てくると○
腰は反らせない

回数
10回

悩みを克服して、
なりたい自分へ

私を変えた ベストエクササイズ教えます！

ずん胴、デカ顔、ピーマン尻、太ももパンパン、たくましい二の腕……。私もユミコアトレーナーも、もともと体型にコンプレックスがあってスタイルに自信がなかった人ばかりです。でも、ご覧のように、メリハリが止まらない〝おそろボディ〟になりました。みんなの姿は、どんな体型やお悩みでも骨から変えることで理想のボディになれるという、何よりの証明です！

また、今回登場するトレーナーは、ユミコアを始める前より、みんな体重が増えています。骨格が変わり、お肉のつき方が変われば、体重を減らさなくてもスタイルがよく見えるとわかっていただけると思います。数字ではなく、鏡に映る自分を判断基準にしていきましょう。では、トレーナーたちには、どんなコンプレックスがあって、どんなふうに自分と向き合ってきたのか。彼女たちの激推しエクササイズも参考にしてみてください！

コンプレックスボディから
みんなおそろいの
美ボディへ
Marsa
Yukari
Yumico
Nao
Akie

お悩み

Akie
トレーナー

顔が大きい

縦に伸びて長くなった顔がキュッと小顔に！

実はユミコアを始めるまで、自分は姿勢がすごくいいと思っていました。ところが現実は大間違い。姿勢は悪く骨はガタガタ、顔もお尻も胸も、すべてがゾンビのように垂れ下がっていたのです（笑）。始めのうちこそ「姿勢では何も変わらない」と批判的だったのですが、ユミコアのトレーナーになった今、自信を持って言えます。体の不調、ボディライン、顔の大きさまでも「姿勢＝骨の位置」を正しく整えることで改善できます！

私と同じように「昔より顔が長くなったなぁ」と思っている方、いませんか？　でも大丈夫。骨が変わると小顔になります！　私はコツコツ続けて約2年で、昔からの友人や目の肥えたYumico先生からも「顔が小さくなったね」と言われるようになり、うれしい毎日です！

顔の大きさは生まれつき、加齢のせいと諦めず、ぜひユミコアをやってみてくださいね。

Profile

Akieトレーナー

ユミコアボディのメソッドに魅了され、また働いているトレーナーたちのような素敵なママになりたい一心で、仕事と子育てを両立しながらメソッドを習得。同じような立場の女性でも変われることを伝えるべく邁進中。

After

165cm 43歳
51 kg

Before

162cm 38歳
47 kg

フェイスラインも
キュッと
上がります!

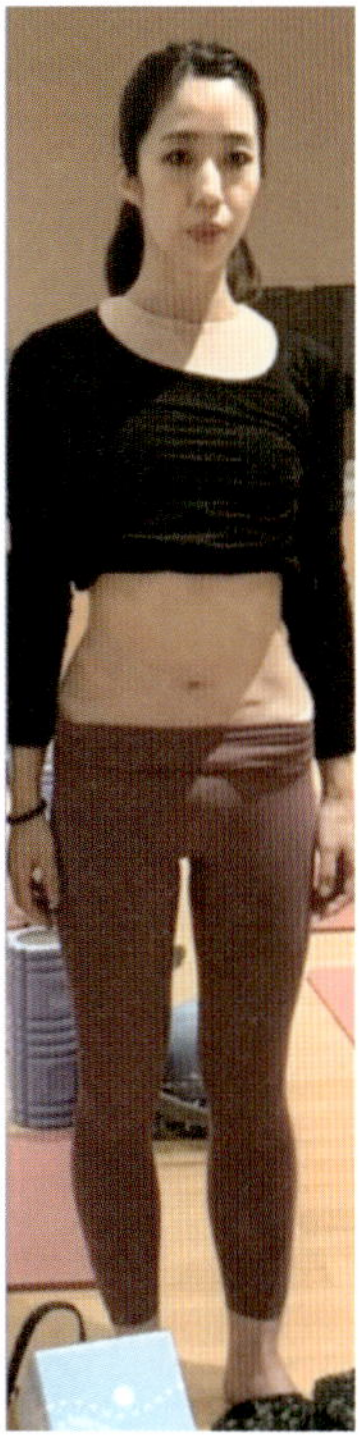

ユミコアのトレーナーになりたての頃。ペラペラな体で生気がなく、自分は元気なつもりなのに「具合悪いの?」とよく聞かれるようなタイプでした。体じゅうが垂れていて、あだ名は「おじいちゃん」でした(笑)。

After

私はフィットネス経験がなく、ユミコアだけで体を変えました。大きく変わった点は、小顔になって背も伸び、頭身が変わったこと。さらに、四角い印象のゴツゴツした体が、曲線的で丸みのある体になったことです。

小顔には、姿勢がとにかく大事です。普段、前に出がちな頭を後ろに引きますが、最初はあごを引いて二重あごになってしまう人がほとんど。上手に引いてキープする力をつけるには時間がかかりますが、必ずできますよ!

お悩み

顔が大きい

猫背で頭が前に出ていると、重力に負けて顔も長くなりがち。頭を正しい位置に戻せるようになると、顔が短く小さくなるほか、猫背や首・肩のコリの改善にも。

ほぐし

首後ろほぐし

効果：首の後ろにある筋肉をゆるめると、頭や首を正しい位置に引きやすくなる。デスクワークの人にもおすすめ！

STEP 1

仰向けに寝て、後頭部下の凹みにローラーを置く

ローラーが動かないように手で支える
Standby

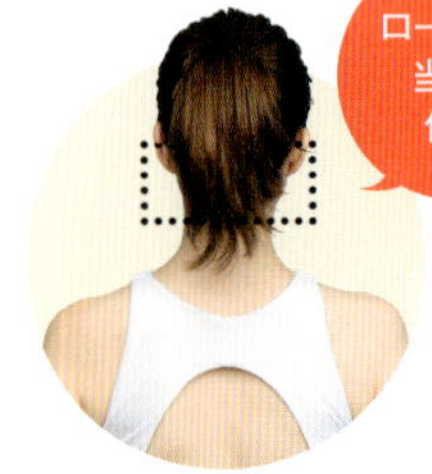

ローラーを当てる位置

STEP 2 ウンウンとゆっくり頷く

ストレートネックのリスクも軽減できる！
首の後ろを伸ばす
鼻先で「1」を書くように

STEP 3

イヤイヤとするように、ゆっくり左右に顔を振る

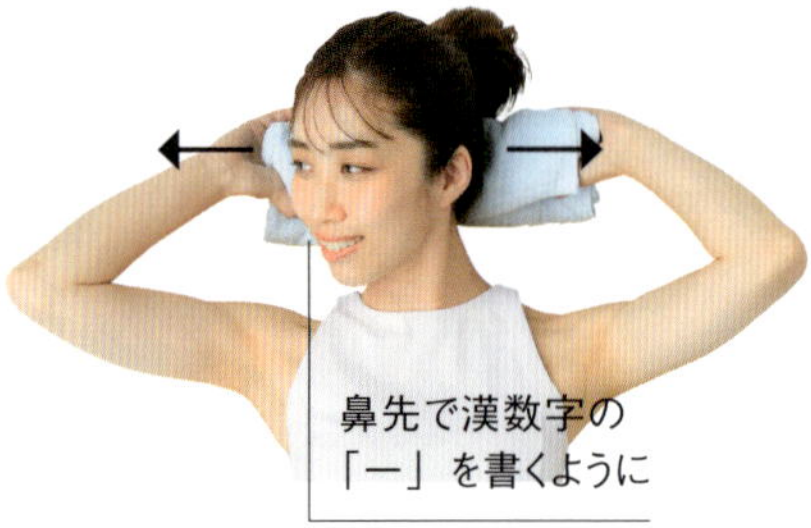

鼻先で漢数字の「一」を書くように

回数
各
20回

トレーニング

首のインナーマッスルトレーニング

効果：首を正しい位置にキープするためのインナーマッスルを鍛える。首や肩のコリを防ぎ、たるみや二重あごの改善にも。

STEP 1

床や椅子に座り、後頭部にフェイスタオルを引っかけて、タオルの左右の端をそれぞれ持つ

Standby
ひじは正面に向ける
肋骨は開かない
骨盤は立てて座る

STEP 2

鎖骨の間を少し上に持ち上げて、息を吸い、吐く呼吸に合わせて、頭は後ろに、フェイスタオルは前に、両方で引っ張り合う

頭とタオルを押し合う
吐く
あごの下は、こぶし1個分を保つ
ひじは正面のまま

NG!

頭を下げたり、下に引っ張らない

お悩み

Marsa トレーナー

二の腕のたるみ
最後まで痩せなかった二の腕が、人生初スッキリ！

私は子どもの頃から体を動かすことが大好きで、ずっとダンスを習っていました。その教室では行くたびに体重を測っていたので、ぽっちゃり体型だった私は、周りの痩せている子がうらやましく、ずっとコンプレックスを感じていました。大人になってからもヨガ、ピラティス、ボクササイズなど、いろんな運動でボディメイクに挑んできましたが、何をしても大した変化はありませんでした。

ユミコアのトレーナーになったときも、ぽっちゃり担当でしたが、そんな私でもやっと変われたのです！　どんなにボディメイクによさそうな運動をしても、骨格が正しい位置にないまま行っていたら効果は出ない。ユミコアでその理論を知り、実践すると、今までビクともしなかった下半身がスラッとし、なんと、最難関部位だと思っていた二の腕まで生まれて初めて細くなったのです！

Profile

Marsaトレーナー

幼少期から続けてきたダンスで体を傷めたことを機に、ヨガ、ピラティスに興味が湧き６年間ヨガインストラクターとして働く。産後の体調不良のときに、ユミコアボディのメソッドを知り、体の変化に衝撃を受けトレーナーに。

After

164.5cm　40歳
56 kg

←

Before

163cm　31歳
52 kg

難しい
二の腕痩せも、
このとおり！

出産後は、猫背がひどくなり、二の腕も極太に。産後のスタイルの崩れから、実際の体重よりも太く見えていました。この頃、Yumico先生をテレビで見て、メリハリボディに目が釘付けに！　その瞬間からほぐしを始めていました（笑）。

After

もともと体重がコンプレックスで、ぽっちゃり体型を気にしていましたが、ユミコアでボディラインが改善されてからは、むしろ自分のスタイルを気に入っています。体重は4kg 増えたのですが、全然気になりません。

普段の生活では、姿勢に気をつけています。ただ、よい姿勢であっても、ずっと同じ姿勢でいると体は固まってしまうので、小まめに動くようにしています。

お悩み

二の腕のたるみ

肩関節を正しい位置に戻して、二の腕の“振袖”を引き締めます。肩コリが軽減するのはもちろん、巻き肩の解消にもおすすめ。

ほぐし

三角筋ほぐし

効果：腕を動かすときにいちばん使っている三角筋をほぐすことで、肩関節がはまりやすくなる。

STEP 1

三角筋（肩の下辺り）を手でつかみほぐす

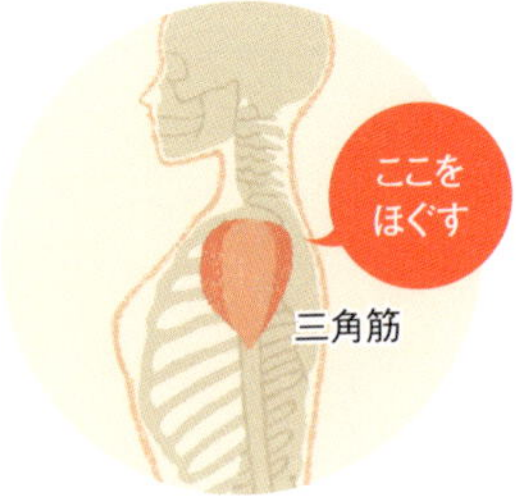

私は、いつも年齢の数やると決めています。気軽にいつでもどこでもやってみてください

STEP 2

ほぐしながら肩を回す。反対側も行う

肩甲骨から大きく回す

血流やリンパの流れがよくなり、むくみも解消

回数

何回でもOK

トレーニング

二の腕の“振袖”引き締めトレーニング

効果：肩関節が正しい位置に戻り、普段使われにくい脇の後ろ、二の腕の後ろ部分が動くようになって、二の腕が引き締まる。

正座やあぐらで座り、脇の下にタオルを挟む。息を吸って吐くときに、つぶす。反対側も行う

回数

何回でもOK

脇や二の腕の後ろが動き出すと、血液やリンパの流れも促進され、引き締まります
巻き肩にならないように肩を押さえる
タオルをつぶすように、脇をキュッと締める
ひじを曲げ、斜め前（約60度）に
骨盤を立てて座る
タオル以外のものを挟んでもOK

お悩み

Yukari
トレーナー

垂れ尻
幼児体型のぺちゃんこ尻から水着の似合う桃尻に！

お尻の悩みといえば、大きい、四角い、垂れているという声がまず上がるかもしれませんが、私の場合は、ウエストと骨盤とお尻の幅が全部一緒。つまり、ずん胴体型の〝ぺちゃんこ尻〟がいちばんの悩みでした。

以前、理学療法士としてリハビリの仕事をしていた私は、痛みをとる運動と、スタイルがよくなる運動は別物だと考えていたので、「本当はスタイルもよくしたい」とご相談いただいた方には別メニューを提供していました。でも、有酸素運動や筋トレでは思うような成果が出ず、もっとボディラインを改善できる方法はないかと探すなかでユミコアに出合いました。

ユミコアを実践すると、真っ平らなお尻がだんだんプリンとしてきたのに驚愕！　腰痛などの不調も同時に改善されて「ユミコアってすごい」と感動！　ユミコアは、ボディメイクも整体も兼ねる一挙両得のメソッドだったのです。

Profile

Yukariトレーナー

理学療法士、整体師として15年間勤務。女性の「美と健康の両立」をサポートするなかで、ユミコアボディにたどり着き、トレーナーになる。

After

159cm 41歳

46 kg

←

Before

156cm 36歳

42 kg

自己流で筋トレや有酸素運動を試していた頃。食事制限によるダイエットで体重も42kg以内を必死に守っていました（現在は全く行っていません）。
メリハリのない幼児体型の私には、セパレート水着なんてもってのほかでした。自分の中ではお尻や腰まわりがいい感じに変わってきたかなと思ったときに自撮りしたのですが、現実はこの通り。目が覚めた一枚です（笑）。

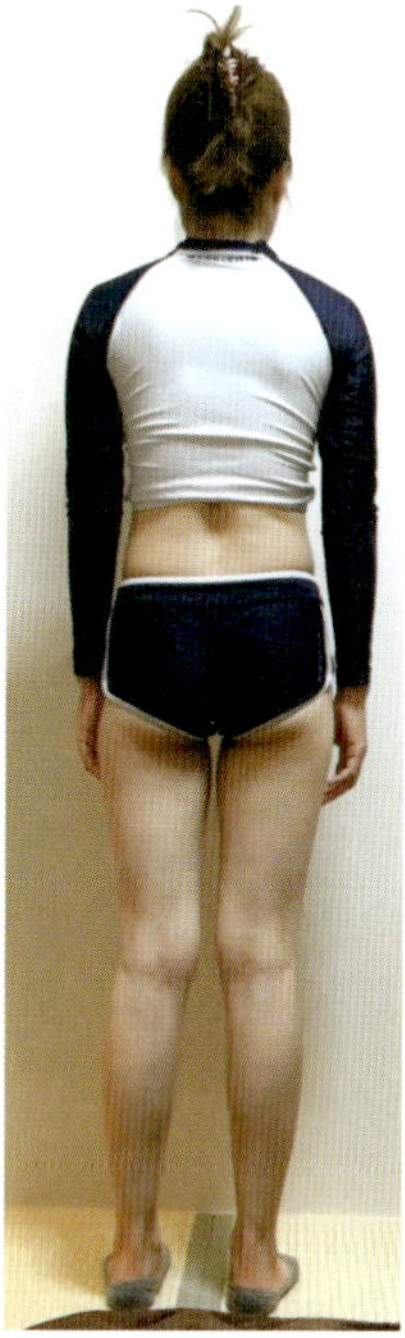

After

ヒップハングのデニムがちゃんと引っかかる丸いお尻になりました！ ヒップだけでなく、体全体にメリハリが出て、曲線を描いているのがうれしいです。普段の生活では、美尻を保つためにも、次のページのエクササイズのように、座っているときは左右にお尻をずらすなど、同じところに体重をかけないように気をつけています。組織の癒着を防ぎ、関節を小まめに動かすためです。

ほぐし

お尻左右スライドほぐし

効果：お尻のコリをほぐして、骨盤の動きをよくすると同時に、股関節の可動域を広げる。

STEP 1

正座をしたらタオルを ももに挟み、 両手を前につく

背筋は伸ばし、
腰から
反らさない
ように
あごは
引きすぎない

タオルを挟むことで、
軸を中心に保ち
ながら動ける

STEP 2

呼吸に合わせて お尻を左右に落とす

息を吸って、
吐きながらお尻を落とす

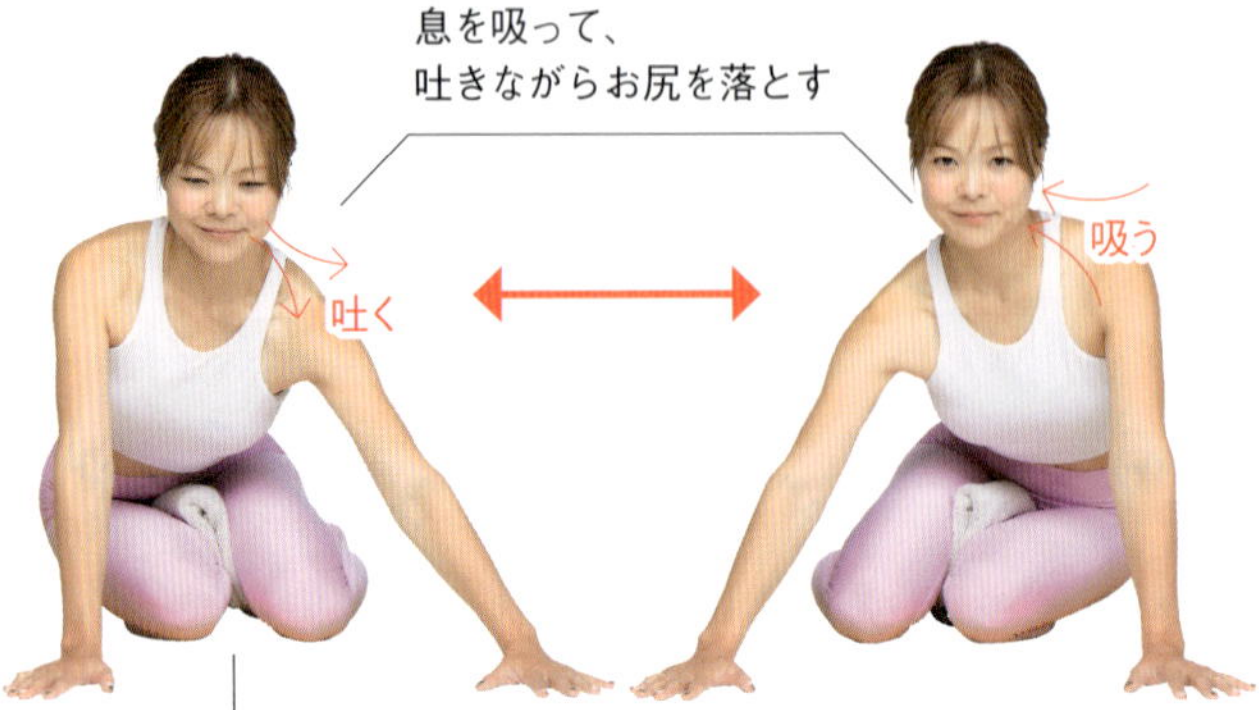

吐く
吸う

タオルをしっかり挟んで、
体重が外にのりすぎないように

回数

往復
10回

お悩み

垂れ尻

お尻は、股関節と共に、骨盤の動きがとても重要。
一緒に狙って動かすことで、股関節の癒着が改善され、
誰もがうらやむ桃尻を取り戻せます！

トレーニング

壁スクワット

効果：壁のサポートで初心者でもお尻の下側を鍛えやすく、股関節のトレーニングとヒップアップに効果大。

STEP 1 壁に向いてひざ立ちし、呼吸に合わせて上がる、元に戻るを繰り返す

手は目線の高さ
吸う
吐く
手の位置は
変えない
お尻の下に伸びる
感覚が入ると○
ひざはつけたまま
つま先と
ひざは
壁につける
つま先立ちや、つま先重心にならないように上がる

難易度ダウン

脚は前後に広く開く 立ち姿勢から下がる、元に戻るを繰り返す

手は
肩の高さ
吸う
目線が手の高さに
くるまで下がる
吐く
ひざが壁につく
高さまで下がる

回数

左右
各10〜20回※

※前ももに効きすぎる人は、回数を減らす、または難易度を下げて行ってください

お悩み

Nao
トレーナー

太い脚
長年の下半身太りを克服。脚痩せ大成功！

「脚って本当に細くなるんですか？」と、よく質問をいただきます。はい！　子どもの頃から太い脚＆O脚が悩みだった私が、今は「そんな脚になりたい」とおっしゃっていただけるまでに変わりました。昔は、脚痩せのために休みのたびにマッサージやエステに通ったり……。一瞬むくみがとれて細く見えても、すぐ後戻りしてしまうだけ。もともと脚が細い妹たちに比べて、何をやっても変わらず、服装で隠してばかりいた私を心配した母が、『みるみる下半身が変わる』というような本を送ってくるほど。

　でもユミコアを始めたら、諦めていた太い脚が少しずつ細くなり、O脚も改善！　以前は避けていたショートパンツやビキニを楽しむことができています。

　歳を重ねると、変化や挑戦をすることに臆病になりがちですが、年齢はただの数字。ユミコアさえあれば楽しく歳を取れますよ！

Profile

Naoトレーナー

光文社『美STORY』の美魔女第6期生。子どもの頃から下半身太りに悩まされてきたが、骨格を改善し脚痩せに成功。下半身痩せへのアプローチを得意とし、自身も股関節や骨盤のゆがみを治して、見事、下半身痩せにも成功！　最近は、バストアップでも話題！

After

162cm　50歳

52 kg

←

Before

160cm　42歳

47 kg

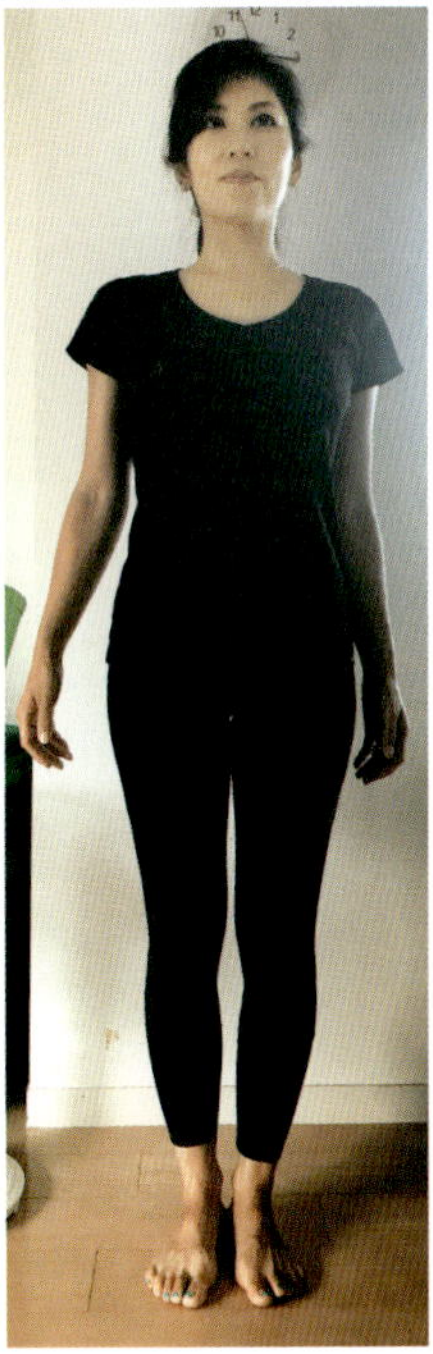

ユミコアを始めたばかりの頃です。まだ、姿勢や骨をまったく意識していないため、脚が太く、肩は上がり、首が前に出て顔も大きいのがわかります。私は体の力が抜けにくく、とにかく全身が硬い状態でした。なので、ほぐしが苦手でしたが、諦めずに行って、骨を正しい位置にしたことで、縦に伸びる体になりました。

After

ユミコアを始めて丸7年になりますが、体の変化をいちばん感じたのは、コロナ禍でスタジオが2か月間お休みになったときです。解剖学の勉強をし直し、まずは体の要である骨盤のコンディショニングやトレーニングをよく行いました。加えて、ずっとコンプレックスだった下半身を変えるべく、股関節のトレーニングを強化。結果、四角いお尻が桃尻になり、バストアップも実現しました！

美脚のために、普段の生活では、片脚重心をしない、脚を組まない、内腿が一直線上を沿うように歩くなど、重心が外に流れないように気をつけています。

ほぐし

腸腰筋＆前ももストレッチ

効果：腸腰筋は股関節の前面にある筋肉。長時間座っていたりすると縮こまり、骨盤が前傾しやすく、前ももを使いがちに。伸ばすことで、前ももの張りを軽減できる。

STEP 1

両手を肩幅で床につき、
右手の外側に右足を置く。
左脚を後ろに引いたら、
ひざを床から浮かせて、
そけい部で10回バウンドする

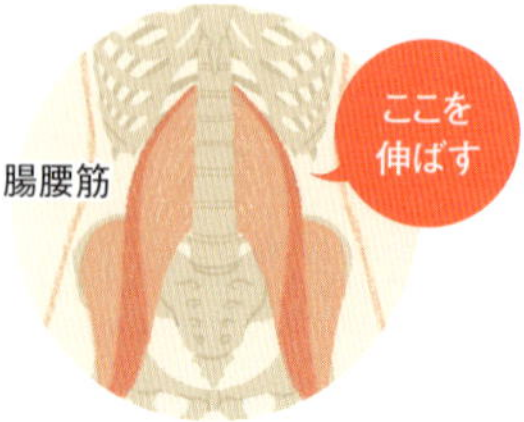
腸腰筋
ここを伸ばす

このポジションがきつい人は、後ろに引いた脚のひざを床につけて行って
肩をすくませず、首は伸ばす
ひざが曲がるのはNG。かかとで後ろに押しておく
腰は反らない
一直線に伸びる
両手で床を押す
そけい部（パンツの線の辺り）を床に押しつけるように10回バウンド
しっかり踏む

お悩み

太い脚

脚痩せするには、股関節のずれ、骨盤のゆがみを取り除くことが大切。それらに付随する筋肉をほぐしたり、ストレッチしたりすることで、関節の可動域を上げていきます。

STEP 2

**左ひざを折り曲げて、
右手で左足をキャッチしたら、
息を吐きながら、恥骨を前に向け、
そけい部を伸ばす。
反対側も行う**

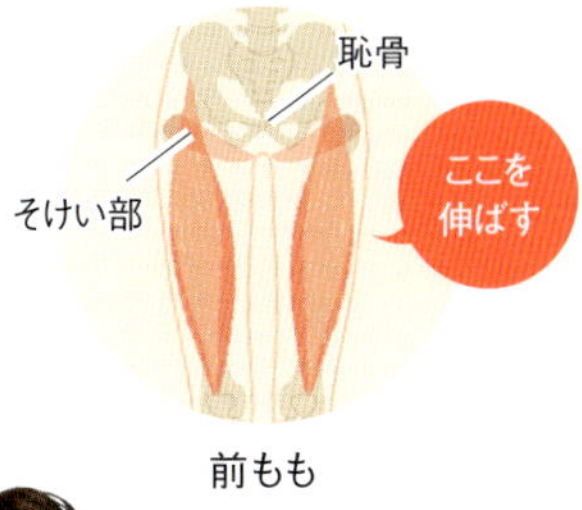

恥骨
そけい部
ここを伸ばす
前もも

回数

左右
各10回

吐く
体は正面を向ける
左手は床を押す
そけい部から
前ももに伸びを感じて
そけい部、恥骨を前へ

PLUS

かかとをお尻に近づけてみよう！

吐く
さらにそけい部から
前ももがストレッチされます

トレーニング

内ももトレーニング

効果：内ももの筋肉が衰えると、重心が外側に流れ、骨盤まわりが張ってきたり、脚の外側を使ったりしがちに。内ももに感覚を入れることが大切。

STEP 1

腕を枕にして横向きに寝たら、上の脚を前に出し、ひざの下にローラーを挟む。下の脚は内側にねじり、10回上げ下げする

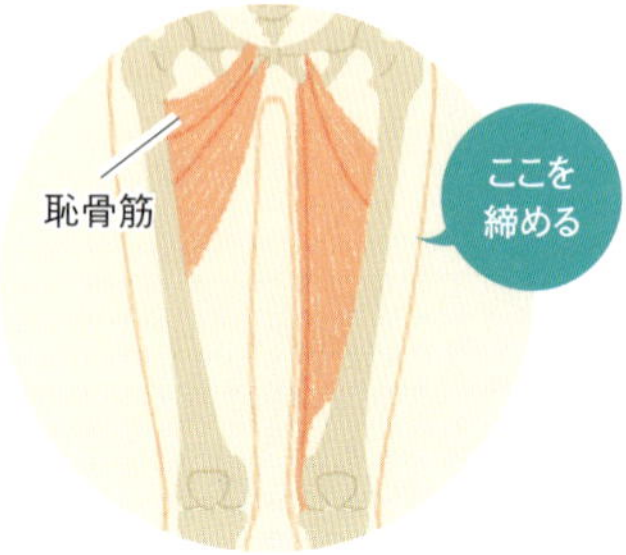

恥骨筋
ここを締める

内もも

Standby

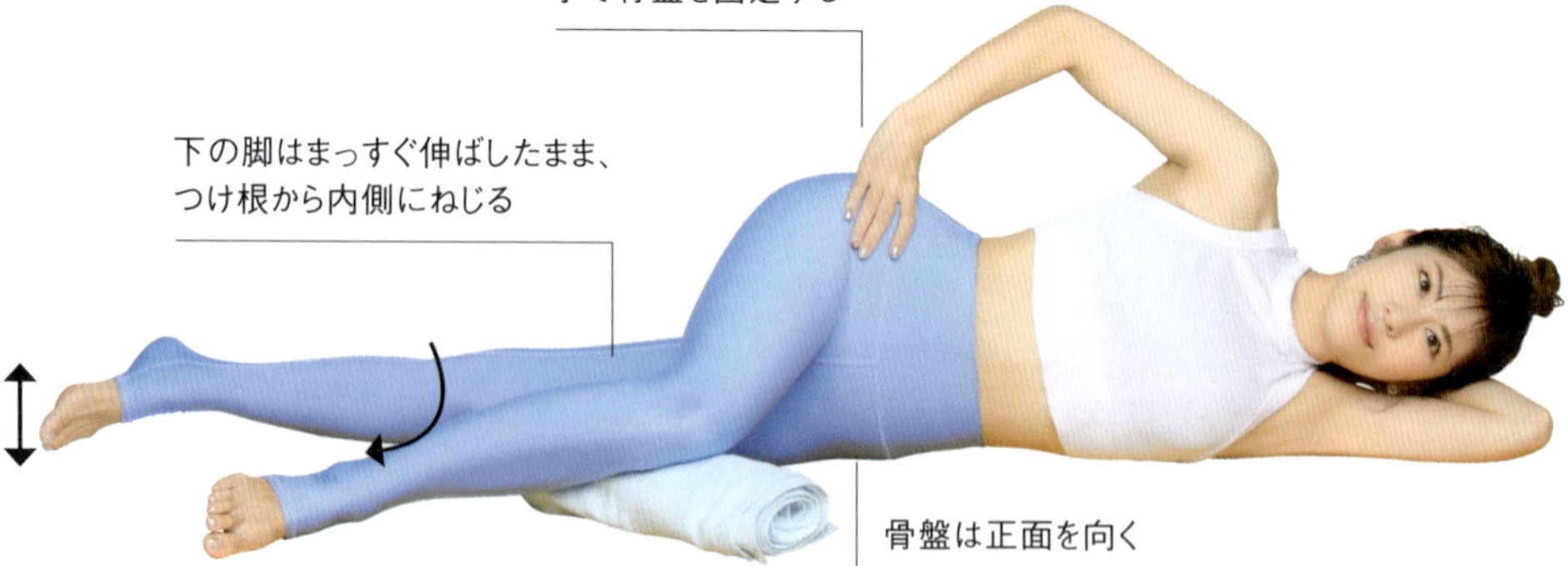

手で骨盤を固定する
下の脚はまっすぐ伸ばしたまま、つけ根から内側にねじる
骨盤は正面を向く
ローラーを挟むと骨盤をまっすぐキープしやすい

回数
左右
各10回

STEP 2

最後に下の脚を上に持ち上げて 10秒キープ。反対側も行う

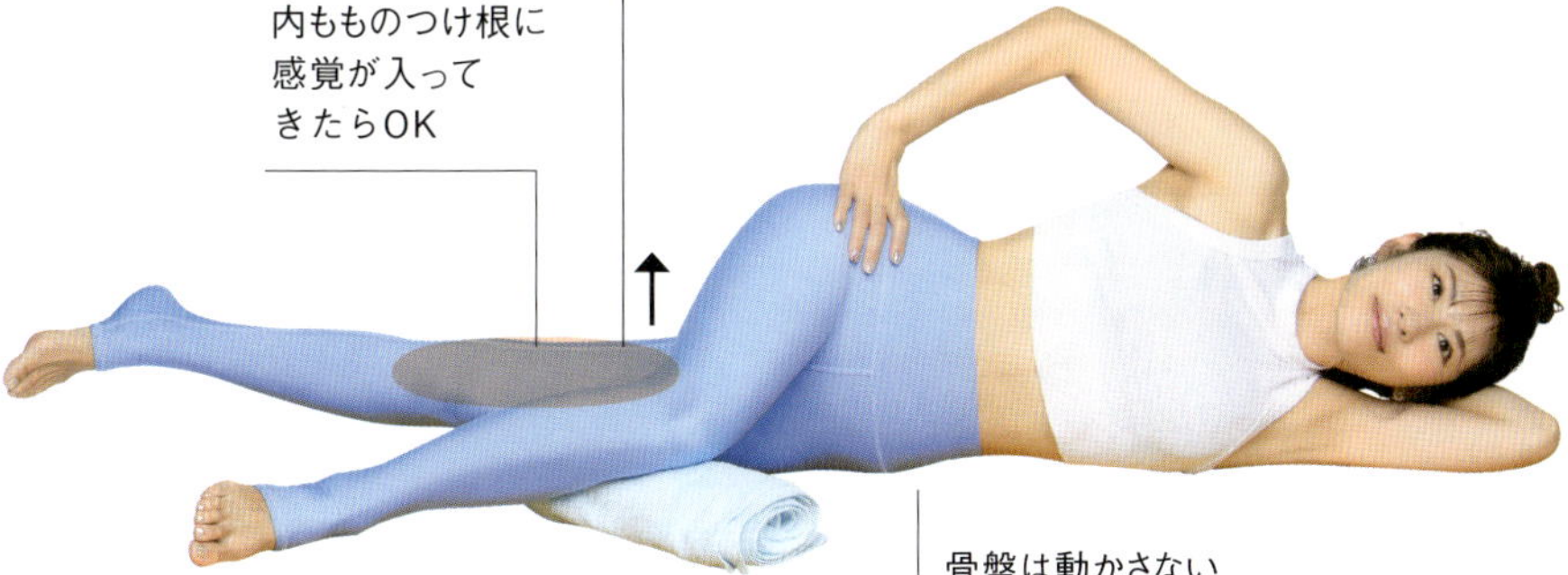
内もものつけ根を天井に
近づける意識で上げる
内もものつけ根に
感覚が入って
きたらOK
骨盤は動かさない

PLUS

脚を外ねじりして同じことをしてみよう！

内ねじりは、股関節のすぐ近くにある恥骨筋に効きます。外ねじりで行うと、内ももの違う部分に効かせることができます。

Chapter 4

ユミコアを習慣に！

美ボディを一生キープする生活のコツ

エクササイズの時間をとって体と向き合うことも大切ですが、
実は日常での意識はもっと大事です。
家事や仕事中も姿勢を意識することで、エクササイズで整った美ボディが定着していきます。
日常生活での基本の動きを見直してみましょう。

ユミコアをしていない時間の過ごし方が大切！

デスクワークで座りっぱなし、接客業や営業職で立ちっぱなし、子どものお世話でほとんど前かがみ……など、日常生活の中で同じ姿勢を続けたり、間違った動きを繰り返したりしていると、骨格がゆがみます。**今のあなたのボディラインは、日々の生活習慣の結果そのもの**です。

私もそうですが、ユミコアをしている時間より、他のことをしている日常の時間のほうが圧倒的に長いのが普通ですよね。ということは、せっかくメリハリボディエクササイズで骨を正しい位置に戻しても、日常で骨がゆがむような体の使い方をしていたら、効果は半分以下!!

正しい骨格を定着させるために、よい姿勢を保って日々の時間を過ごすことは本当に本当に大切です！　**日常の歩行や動作で体を正しく使えるようになると、エクササイズを毎日頑張らなくても、キレイなスタイルをキープできる**ようになります。実際、私はほとんどエクササイズをしていません。

しかも、常に姿勢を正していると「痩せ体質」にもなれます。「本当に食事制限していないの？」と時々疑われますが（笑）、私はダイエット、ファスティング、カロリー制限、糖質制限などは一切していません。白米もお肉も野菜もモリモリ食べます。ただし、食事中でも絶対に姿勢を崩さないのです。

同じ量を食べたとしても、悪い姿勢だと内臓を圧迫して消化が悪くなり、それだけ脂肪を燃やす時間が遅れます。また、よい姿勢をキープする筋肉を使わないので、代謝が落ちて内臓脂肪がつきやすくなったりもするのです。

日常で正しく体を使えると、もはや生活のすべてがエクササイズに。最初は難しいかもしれませんが、自分の日常の動作を見直してみましょう！

美ボディのための食事のコツ

実は、揚げ物大好きだった私ですが、最近変化がありました。プロテインを朝イチに飲むようになってから、体に必要な栄養素をまんべんなくとれるようになったからか、強烈に揚げ物を欲したり、暴食したりすることがなくなったんです。美ボディを育む食事のコツは、食べ物の質とバランスだと思います！

CURVY
LINE PROTEIN
愛用のプロテイン。レモン味でさっぱり飲みやすい。

立つ

正しい立ち方

正しい立ち方は、足裏でしっかり地面をとらえ、頭と足裏で引っ張り合うイメージ。この立ち方を維持するだけで、お腹が凹み、バストやヒップも上がり、巻き肩やストレートネックも改善されます！

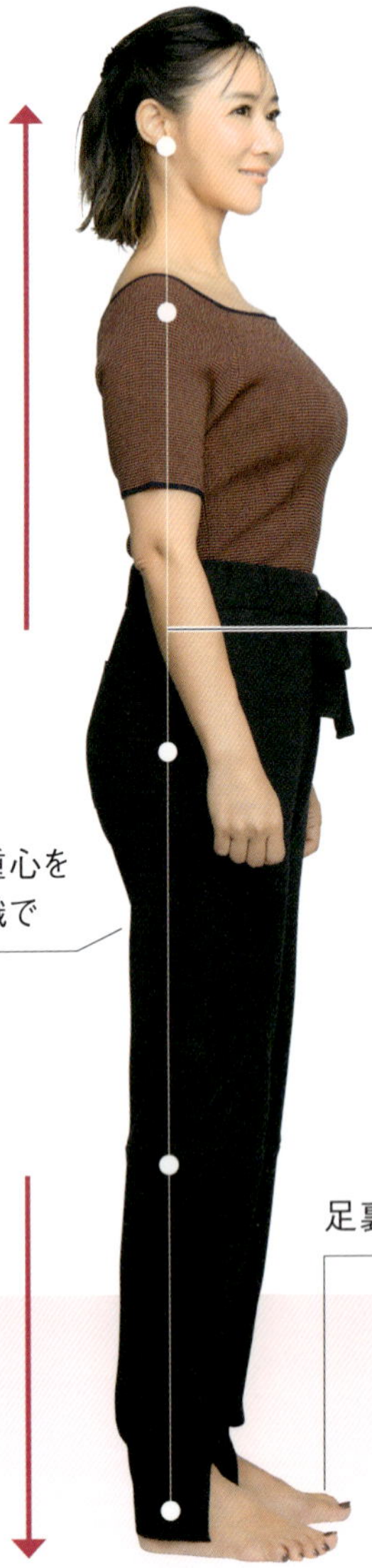

耳たぶ、肩の前を通り、脚のつけ根の出っ張り、ひざのお皿の横、外くるぶし前までが一直線

内ももの
つけ根に重心を
寄せる意識で

足裏で床をしっかり踏む

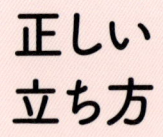

頭が
前に出ている
胸が垂れている
背骨が
曲がっている
お尻が垂れている
ふくらはぎと、
太ももがパンパン

✕もたれかかる

キッチンなどでついやってしまう、もたれかかる姿勢。これが楽という人は骨盤がゆがんでいる可能性大。腰痛やひざ痛も起こしやすいため、正しい立ち方を心がけて。

片方の肩が下がる
骨盤が傾き、
背骨がゆがんでいる
片脚に体重をかけ、
重心がずれる

✕片足重心

体重をのせたほうの腰骨が横に反り、骨盤のゆがみが生じて、体がねじれやすくなってしまいます。脚の太さに左右差がある場合も、片足重心になっているかも。

歩く

骨盤がまっすぐ立ち、背筋が伸び、胸が開いている正しい姿勢を保った歩き方は、キレイな女性という印象を与えます。さらに、股関節をしっかり使って歩くだけでお腹がペタンコになり、お尻が上がり、太ももが引き締まる効果も！

正しい歩き方

頭はなるべく上下させない
腕は常に後ろに
パンツの線をしっかり伸ばし、お尻を使う
足首を柔らかくし、靴ひもの前あたりで蹴り出す
しっかり踏むことが大事

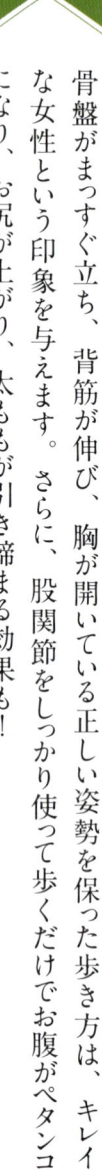

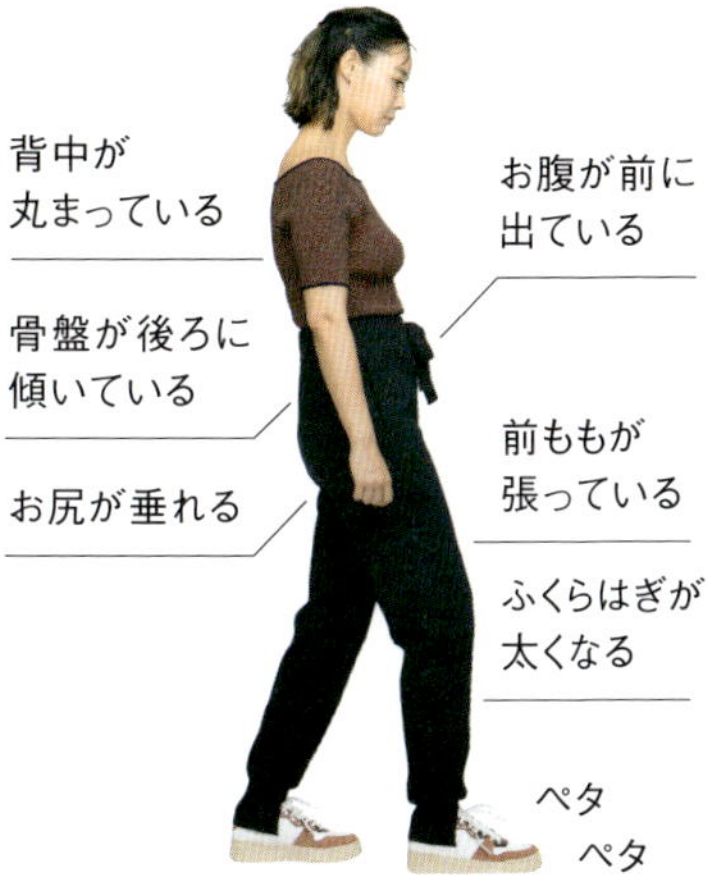
背中が
丸まっている
骨盤が後ろに
傾いている
お尻が垂れる
お腹が前に
出ている
前ももが
張っている
ふくらはぎが
太くなる
ペタ
ペタ

✕ 猫背歩行

スウェイバックの姿勢は、骨盤が後ろに傾いて股関節の動きが妨げられ、ひざが曲がり、お尻が垂れ、前ももばかりを使いがちに。

肋骨が開いて胸が前に出すぎ
背骨が反り返っている
骨盤が前に傾いている
ペタ
ペタ

✕ 反り腰歩行

胸を張る意識を持ちすぎて、反り腰になるのはNG。腰痛の原因になるほか、お腹も出やすい。

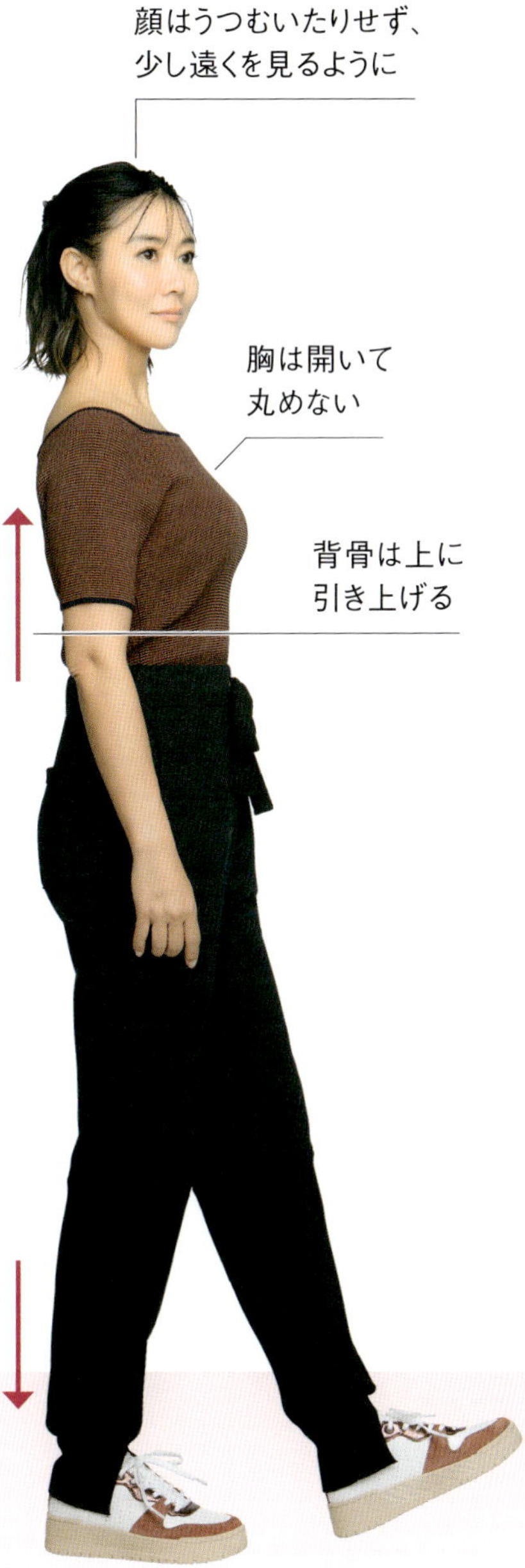
顔はうつむいたりせず、
少し遠くを見るように
胸は開いて
丸めない
背骨は上に
引き上げる

座る

座る時間が長い人は、姿勢がとても大切。左右のお尻の下にある坐骨の突起を座面に均等に突き刺すように、骨盤を起こして座りましょう。

正しい座り方

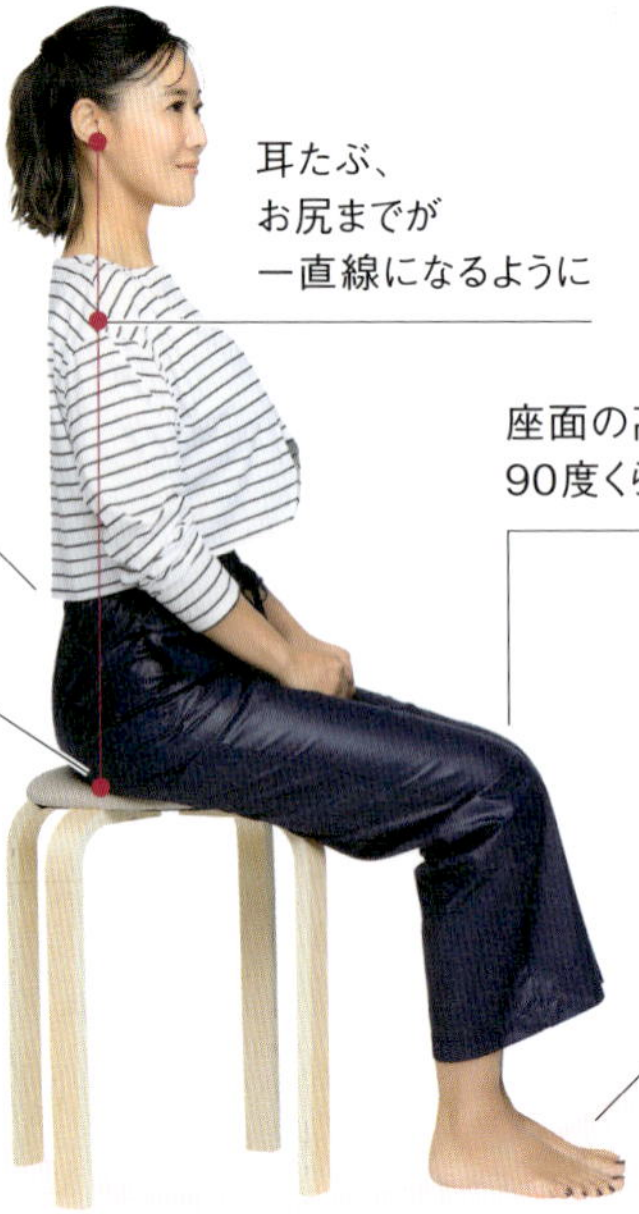

耳たぶ、
お尻までが
一直線になるように
椅子に深く腰かける
坐骨を座面に
突き刺すように座る
座面の高さはひざが
90度くらいになるのが理想
両足の裏が
床につく

上半身が
ねじれている
下側のお尻へ
重心が傾く

✕ 脚を組む

骨盤がゆがみ、体がねじれて背中や腰に負担がかかって腰痛やひざ痛、下半身太り、むくみの原因になることも。普段から体の重心が左右どちらかに傾いている人に多く見られます。

頭が前に出る
背中が
丸くなっている

✕ 猫背座り

骨盤が後ろに傾き、背中が丸まることで、腰や背骨、肩に余計な負担がかかるので、実は疲れる座り方です。内臓も圧迫されて代謝が落ち、呼吸も浅くなります。

スマホを見るとき

スマホは
胸と頭が落ちない
目の高さに

正しい見方

スマホを目の高さ近くまで持ち上げると、首に余計な負担がかからず、さらに肩や腕にも力が入らず、楽に見ることができます。

頭が前に
出ている
首が
伸び切っている
肩が前に
出ている
猫背+スマホ首+
脚を組む姿勢を
ついやっていない?

✕ ストレートネックになる見方

頭を画面に近づけるようにして見ると猫背に。背中が丸まり、首が前に突き出て、腰痛、肩や首のコリ、頭痛を引き起こします。また、首のカーブがなくなるストレートネックの原因ともいわれています。

［著者］

Yumico（ゆみこ）

くびれ母ちゃん・YumiCoreBody 代表

3児の母でありながら、メリハリのある健康的なくびれボディを持つ姿勢改善トレーナー。ピラティス・体幹トレーニング・整体を学んだ後、ほぐし・ストレッチ・呼吸と体幹トレーニングを組み合わせた「ユミコアボディメソッド」を独自に考案。関節を動かし、骨を整え、インナーマッスルを強化することで、生まれつきの骨格すら改善し、女性らしいメリハリをつくり出すボディメイクに定評がある。六本木・麻布十番・新宿・横浜・梅田・名古屋・天神にあるスタジオ「YumiCoreBody」には、モデルをはじめ、女優、芸能関係者も多く通う。

YumiCoreBody HP　https://yumicorebody.com
公式Instagram　@yumicorebodyofficial
Yumico Instagram　@yumicorebody

ユミコアで－10歳ボディを手に入れる

2025年１月７日　第１刷発行
2025年６月10日　第２刷発行

著　者――Yumico
発行所――ダイヤモンド社
〒150-8409　東京都渋谷区神宮前6-12-17
https://www.diamond.co.jp/
電話／03･5778･7233（編集）
03･5778･7240（販売）

撮影――岡部太郎（SIGNO）
スタイリング―増田久美子（A2/DerGLANZ）
ヘアメイク―陶山恵実、本多運香（ROI）
装丁･デザイン―鈴木大輔、仲條世菜（ソウルデザイン）
デザイン･DTP―中山詳子（松本中山事務所）
イラスト――はせがわひろこ
マネジメント―曽志崎真衣
構成・文――林美穂
編集協力――入江弘子、植田裕子
校正――聚珍社
製作進行――ダイヤモンド・グラフィック社
印刷――勇進印刷
製本――ブックアート
編集担当――長久恵理

ISBN 978-4-478-12145-0

衣装協力

Chapter3
Yumico白チュール切り替えブラTOPS
LITHEE ／ https://www.lithee.jp

Chapter4
P116-119
ブラウンオフショルTOPS ナイスナイスモーメント ／ ショールームリンク
https://www.links-partners.com
ブラックジョガーパンツ Munich ／ Mosh Pit Co.,Ltd. 03-5485-1301
スニーカー オリエンタルトラフィック ／ ダブルエー https://www.wa-jp.com

P120-121
中に着た黒ブラトップ ２点共に ダン ／ ダン
https://dawn1821.theshop.jp/
ネイビーワイドパンツ エント ／ クロシェ
03-5467-7800

エクササイズに関する注意

○本書に収録されたエクササイズを行う際は、周囲に障害となるもののない、安全な場所で、無理をせず、ご自身の体調に合わせて行ってください。
○実践中に体に痛みや、異変を感じた場合は、すぐに中止してください。
○体調が優れない方、けがや持病がある方、妊娠中の方などは、必ず医師の許可を得たうえで行ってください。産後は、医師の許可を得て行ってください。
○効果には個人差があります。
○著者、制作者は、本書のエクササイズにおいて生じたいかなる負傷、損害について一切の責任を負いかねます。